まんが！100分de名著

アドラーの教え

『人生の意味の心理学』を読む

［監修］
岸見一郎＋
NHK「100分de名著」制作班
［脚本］藤田美菜子
［まんが］上地優歩

宝島社

ブックデザイン　小口翔平＋山之口正和＋喜來詩織（tobufune）
DTP　アルファヴィル・デザイン

まえがき

「100分de名著」プロデューサーの秋満吉彦さんから、番組でアルフレッド・アドラーを紹介したいというメールが届いたのは六甲の山頂でのことでした。正直なところ、長年私は多くのアドラーの著作を翻訳してきたとはいえ、定番の古典として認められている著作はないので、おそらく「100分de名著」でアドラーが取り上げられることはないだろうと思っていました。

ところが、秋満さんから突然メールがきて、天地がひっくり返るほど驚きました。ほどなく、私の部屋にこられた秋満さんと会うことになり、秋満さんの番組制作への熱い思いに打たれました。

このたび、幸い好評を博した番組が漫画になりました。漫画にするという話にも私は驚かないわけにはいきませんでした。アドラーの思想を漫画にするということがどういうことなのかわからなかったからです。

振り返れば子どものとき我が家には漫画はなく、読むのは月に一度行く散髪屋ででした。髪を刈るのは嫌でしたが順番が回ってくるまで、書棚にあった漫画を貪《むさぼ》り読んだときの感覚が蘇りました。

活字中毒ではないかと思うほど本を読むのが好きな私ですが、先まで読み進めたいという感覚は散髪屋で漫画を読む経験で育まれたのかもしれません。本も面白くなければ読めません。そう考えれば、漫画を読む経験は少なくても、アドラーを面白く伝える手伝いならできるだろうと思えたので、スタッフの一人として参加することを決めました。

アドラーは日本でいえば、明治生まれのおじいさんですが、その思想は新しく、就中《なかんずく》、共同体感覚は世界を大きく変えうる思想です。しかし、時代はまだアドラーに追いついていないのではないかと思います。

アドラー心理学の鍵概念というべき共同体感覚は、その定義を理解しても本当には理解したことにはなりません。日常の生活の中での経験を通じてしか学べません。しかし、いきなり水の中に突き落とされても泳げるようにならないように、何の手引きもなく身につくものではないというのも本当です。漫画で描かれる具体的なエピソードを通じてなら自分の生活と容易に重ね合わせることができます。漫画版はそのことを可能にすると思います。

本書がどんなふうに作られていったかについては秋満さんがあとがきに書いておられますのでそちらに譲りますが、その過程で皆で協力して仕事に取り組む楽しみや喜びを強く感じました。このように協力して一つの仕事を成し遂げる過程で、私たちは人と人が結びついている感覚（共同体感覚）を知ったように思いました。

本書が多くの人の手に届きますように。

岸見一郎

CONTENTS

まえがき 003
登場人物 010

第1章

人生を変える「逆転の発想」

011
ダイジェスト解説！ アドラー心理学① 060
「アドラー心理学」とは何か？
過去の経験は、
自分の生を決定しない
「ライフスタイル」を変えれば、
人生は変えられる

第2章

自分を苦しめている ものの正体

065

ダイジェスト解説！ アドラー心理学②

劣等感は、人類の進歩の原動力

生きづらさの原因になる

「劣等／優越コンプレックス」

競争する相手は

他者ではなく自分である

100

第 3 章

対人関係を転換する

105

すべての悩みは
対人関係の悩みである

なぜ、他者を
「敵」だと感じてしまうのか？

対人関係は
「課題の分離」で考える

ダイジェスト解説！　アドラー心理学③

138

第4章
「自分」と「他者」を勇気づける
143

ダイジェスト解説！ アドラー心理学④ 180

人間の幸福のカギを握る「共同体感覚」

すべては「自己受容」から始まる

「自分の価値」を確認する方法

あとがき 185

ブックガイド 188

登場人物

向井哲也（30歳）

本作の主人公。電機メーカーの営業マン。都内の営業所から地方のX県Y市に異動になったばかり。当初は“田舎に飛ばされた”と不満を募らせるが……。

マスター（45歳）

Y市にある喫茶店「アゴラ」のマスター。愛読書はアドラーの『人生の意味の心理学』。私生活は謎に包まれている。

マミ（19歳）

「アゴラ」でアルバイトをしている女子大生。天真爛漫な性格で、常連からも人気のある店のマスコットガール。

第1章

人生を変える「逆転の発想」

辞令
東京本部 営業 第一課
向井 哲也 殿
X県事業部への
転属を命ずる
営業マン
向井 哲也（30歳）
X県だって……？
くそっ、飛ばされた……
部長《あいつ》のせいだ……！
グシャッ
おい 向井
わかっているのか

X県Y市——
村ビル
この町にやってきてから1週間が過ぎた
トボトボ
なんだってぼくがこんな田舎に……
はぁ…
ガラーーン…
ソイゼリヤ
店もホントに少ないなぁ……ファミレスしかない

αγορά
なんて読むんだろう?
喫茶 アゴラ
スッ
?
アゴラって読むのか……
この界隈じゃなんだか浮いた店だなぁ
ギィ…
カランカラン
聞いてよマスター

あそこの
ファミレスの女のコ
ホントに最悪なの！
いっつも
注文間違えるなぁって
思ってたんだけど
昨日ついに
やらかして
くれちゃったのよ!!
ムキィ
マミちゃん
お客さんだよ
はっ
コロッ
いらっしゃい
ませ〜
えっと
アイスコーヒー
お願いします
はぁい
かしこまり
ました〜

マスター アイスコーヒー ひとつ
さっきの 話の続きね
あのコったら わたしの お気に入りの ワンピに派手に コーヒーこぼして くれちゃってさ
ぎゃ〜〜!!
バシャッ
それは 大変だ
さすがの 「仏のマミ様」も 思わずカッとして 怒鳴っちゃった わよ!
ガミ
ガミ
へぇ
カッとして ね
なによ マスターだって あるでしょ? 怒りに我を 忘れちゃう みたいな
ぷんっ

コーヒーをこぼしたのがイケメンのウェイターでも怒鳴ってたと思う？
あっ
スミマセン!!
ツルッ
ぎゃ―
え……？
案外
全然大丈夫ですよ～
……で終わってたんじゃないかな？
ええ～…
そりゃそうかもしれないけど！
でもだったらなんなの？
ドジなウェイトレスに怒っちゃダメなの？
そんなことは言ってないよ
ただマミちゃんは本当に怒っていたのかな？と思って

怒ってたわよぉ！
「頭に血が上る」ってまさにこういうコトって感じよ！
ムキイイイッ
さっきもそんな感じで怒っていたけれどお客さんが来たら一瞬で笑顔になったじゃないか
そりゃそうよプロだもん
だったらわかるんじゃないかな
「怒り」は簡単に出し入れできる道具みたいなものだってね
つまりこうは考えられないかい？
マミちゃんはそのウェイトレスに対して「わざと」怒ったって
あっコレ使っちゃお
えいっ！
怒り
マミの道具
なんでわたしがそんなことしなくちゃならないの？
そのコを怒鳴るため……
だろうね

マミちゃんは日頃から不器用なウェイトレスに対して腹を立てていた
イラ イラ
だから怒鳴りつけることでそのコを困らせ言うことを聞かせたかった
……違うかい？
……！
穏便に言葉で説明することもできたのに
コーヒーがかかってしまって…
何してくれんのよーっ
ひぇっ
きみはむしろ大声を出してそのコを困らせ言うことを聞かせたかった
その手段として怒りという感情を「捏造」したんじゃないかな
その言い方ムカつく！
でも否定できないかも……
それはそうとマミちゃん牛乳が切れてしまったんだ
3パックほど買ってきてもらえないかな？
ハイッ 行ってきまーす！

すみません騒がしくて
いえすごく面白かったです
はは丸聞こえでしたね
人はついカッとなって怒鳴るのではなく
相手を困らせて言うことを聞かせる目的でわざと怒鳴るのであって
その手段として怒りという感情を捏造している……
面白い考え方ですね
人の行動って「目的」ありきなんです「原因」は後づけ
これを
目的論
と言うんですけどね
へぇなんだかすごいな
マスターが考えたんですか？

いえいえ
アルフレッド・アドラー
という心理学者が言ったんですよ
アドラー……初めて聞く名前です
確かに日本での知名度はそれほど高くありません
でも欧米ではフロイトやユングと並ぶ心理学の三大巨頭の一人として有名な人物なのですよ
フロイト
ユング
アドラー
フロイトなら知ってます
あのなんでも性欲に結びつける人ですよね
クス
そういうイメージを心理学に対して持っているならアドラーの心理学を知るととても驚くでしょうね
人生が変わりますよ

人生が変わる……？
人生の意味の心理学
アルフレッド・アドラー
What Life Should Mean to You
スッ
心理学って「赤い色が好きな人はケンカ好きな性格」みたいなやつですよね？
オラオラ
負けねぇぞーっ
前から思っていたんです
それがわかったところでその人との争いを回避する助けにはならないんじゃないかって
面白いけれど実生活で本当に役に立つのかなぁ
アドラー心理学ではそういう「タイプ分け」はしないんです
タイプ分けをしない……

アドラー自身は自分の理論を
個人心理学
と呼んでいました
個人というのは「分割できない」というのがひとつの意味ですが
（個人）
individual
否定
分割する
～できない
アドラーは「人間一般」ではなく「ほかならぬこのわたし」が
どういうふうに人生を生きていくべきかを考えたんです
分析するだけの心理学ではないんですね
へえ～
ええ むしろアドラーは
「これまでの人生はこれからの人生をどう生きるかには影響を与えない」
とさえ言っています
これからの人生をどう生きるか……

さらにアドラーは
「人はどう生きれば幸福になれるのか」
というところにまで踏み込みました
そういう意味ではアドラーの心理学は「実践のための心理学」なんです
幸福になる？本当にそんなことまで？
ニッコリ
はいちゃんとここに書いてあります
ただし簡単に実践できるわけじゃありませんよ
勇気が要ります
どういうことだろう……

そもそもアドラーってどういう人なんですか？
アドラーは今から一世紀ほど前に活躍したオーストリア生まれの心理学者であり精神科医です
Alfred Adler
1870-1937

アルフレッド・アドラーは1870年オーストリアの裕福なユダヤ人家庭に生まれた
幼い頃にくる病を患い身体の自由がきかなかったアドラーは
健康な兄に強いライバル心と劣等感を抱きながら成長する
やがて病を克服し医者になりたいという昔からの夢を実現したアドラーは内科医としてウィーンで開業
アドラーが診療所をかまえたのは「プラーター遊園地」のある地区だった

映画『第三の男』をご覧になったことは？
Orson Welles
1915-1985
オーソン・ウェルズですよね
そうか プラーター遊園地というのは
あの有名な観覧車のシーンに出てくる遊園地なんですね
はい そんな立地もあってアドラーの診療所には
遊園地で働く軽業師や大道芸人たちがたくさん患者としてやってきたのです
アドラーは治療を通じて
肉体を武器として生計を立てている芸人たちの多くが
実は幼い頃は身体が弱かったということを知る
自分自身が病弱を克服した経験もあり
アドラーは彼らの「器官劣等性」に関心を持つようになった
※器官劣等性：生活に困難をもたらすような身体的なハンディキャップのこと

アドラーは
こう考えた
身体的な
ハンディキャップを
持つ人は
そこから生じる
マイナスを何かで
補償しようとする
それは
なんらかの形で
彼らの性格や行動に
影響を与えて
いるのではないか?
劣等感の持つ力に
着目したアドラーは
精神医学に
興味を持つようになる
当時ウィーンでは
フロイトの著書
『夢判断』が
話題を呼んでいた
DIE
TRAUMDEUTUNG
アドラーは
フロイトの
勉強会に参加すると
ともに研究を
行うようになる
アドラーは
フロイトとも
つながりが
あったんですね

ですがアドラーはやがてフロイトとは学説の違いが理由で決別し
その後ふたりは別々の道を行くようになります
どんなポイントで意見が食い違ったんですか？
フロイトは「リビドー（性的衝動）」が人間のパーソナリティの基礎にあると考えました
一方アドラーは「劣等感」をリビドーに代わるものとして持ち出したんです
自分自身もサーカスの芸人たちも持って生まれた身体の弱さを克服している
そのことから劣等感が神経症などにつながることもあるけれど
劣等感は人生に立ち向かう力をも生み出す
とアドラーは考えたんです
リビドーと劣等感
確かにまったく違いますね……

その後
アドラーは
第一次世界大戦に
従軍することに
なるのですが
その経験の
受け止め方も
フロイトとは
ずいぶん違って
いました
同じ戦争を経験しても
フロイトは
「人間には攻撃欲求がある」
と考えます
人々が憎しみ合って
戦っているという現状を
説明するために
攻撃欲求という考え方を
持ち出したのです
アドラーは
そうでは
なかった？
ええ
アドラーは
戦争をきっかけに
「共同体感覚」（→第4章）
という思想に到達しました
憎しみ合い
戦っているのは
人間本来の姿ではなく
人間はもっと
仲良くできるはずだ
人間は仲間であるという
まったく逆の結論に
到達するのです
アドラーの言うことが
本当であればいいな
とは思います
でもときには
争いごとが起こるのも
仕方ないんじゃ……
アドラーは
「仕方ないんだ」では
終わりません
「これから
どうすべきか」を
考えるんですよ

カラン…
これから
どうすべきか……
カラン
カラン
お客さんだ
細木さん
いらっしゃいませ
こんにちは
マスター
いつものね
ヘラッ
細木道男（36歳）
会社員
ガタ
おっ
見ない顔だね
戻りました～
おかえり
最近こっちに
越してきた
新参なんです
よろしく
お願いします
おう
よろしく
ちなみにきみ
出身大学は
どこ？
大学？
帝都大学
ですけど……
かーっ
名門！

やっぱりね
学歴っていうのは
何歳になっても
ついて回るんだって
最近つくづく思うよ
一流大のやつらは
どんどん出世するし
給料の差も
どんどん開いていく
ヘラ
ヘラ
ええと…
そんなもの
でしょうか？
ビシッ
そんなもんさ
そう言えば
おれも
本命だったんだ
帝都大
でも
小心者だから
受験当日
ガチガチに
緊張しちゃってね
あわわわ…
答案用紙が
全然埋まらなくてさ
浪人する余裕も
ウチにはなかったし……
思えばあの日が
人生のケチの
つき始めだった
んだよなぁ
はぁ
はぁ～
ま～た
始まった
細木さんって
ホント学歴に
こだわるのよね

お待たせしました
いつもの
ブレンドです
サンキュー
♪
ところで
その本はなに？
コト…
人生が変わる
本ですよ
パチ
☆
？
さっきも
言ってた
「人生が変わる」って……
結局
どういう意味
だったんだろう
なにそれ
うさんくさいなぁ
っていうか
人生なんて
変わらないよ
変わったら
苦労しないよ
そう
思いますか？
パラ
パラ
思う思う
だって
おれが帝都大に
行けなかったという
事実は動かしようが
ないだろう？
その時点で
おれの
負け組人生は確定
しちゃってるわけだ

失礼ですけど それは極端じゃないですか?
学歴に関係なく 社会で活躍してる人は いっぱいいるでしょう
うんうん きみみたいな 一流大卒に限って そういうことを言うんだ
ひら
ひら
でも こっちは 当事者だから わかるわけ
高学歴の 人間に比べて おれたちに 与えられる チャンスは 圧倒的に 少ないってね
フー…
あと やっぱり トラウマに なってるのかも しれないな
あの 受験の日の 記憶がね
いまだに 大事な場面に なるたび 今回もまた 失敗するんじゃ ないか……って 不安でたまらない
※トラウマ…「心的外傷」 過去に受けた肉体的、精神的な衝撃が 現在にネガティブな影響を及ぼすという考え方 心的外傷を与えた体験そのものを指して トラウマと呼ぶこともある
業績
重要会議
なるほど トラウマですか
あれ もしかして バカにした?

とんでもない
だってそもそもトラウマと見なくてもいいんですから
はぁ!?
おいおいなんだよ実際の話あの日から「ここ一番に弱いおれ」になっちゃったんだ
これって立派なトラウマだろ?
過去がすべてを決定するならタイムマシンで過去に戻らない限り今の問題は何も解決できないことになってしまいませんか?
それでは一歩も前に進めませんよね
ムッ…
しょうがないだろう
過去に起きたことは実際に起きてしまったことなんだから今さら覆せない
この本にはこう書かれています
「いかなる経験もそれ自体では成功の原因でも失敗の原因でもない」
?
うーむどういうことだろう?

人は誰もが同じ「客観的な世界」に生きているわけではなく
各々自分で意味づけをほどこした「主観的な世界」に生きているということです
同じ経験をしても意味づけ次第で世界はまったく違ったものに見え行動も違ってくる
世界とは?
あたたかい
つらい
たすけてもらえた
チャンスがたくさん
しあわせ
むくわれる
ムダ
がんばっても意味がない
ほめられなかった
おこられた
つまらない
ん～…
つまりこういうこと?
子どもの頃に同じような不幸な経験をした人がいるとします
いじめられた子ども時代…
はい。
同じ「子どもの頃にイジメに遭った」という人でも
その経験の受け止め方は人によって違う……みたいな
コクリ

ある人は
「自分は不幸な経験をしたことでそれを回避する方法を学んだのだから自分の子どもは同じ経験をしなくてもすむように努力しよう」
と考えるでしょう
しかし一方で
「自分は苦しみながらも不幸な経験を切り抜けたのだから自分の子どもだって苦しさを乗り越えるべきだ」
と考える人もいます
はたまた
「自分は不幸な子ども時代を送ったのだからなにをしても許されるべきだ」
と考える人もいる
12月
納期
心の傷があるので帰りまーす
ちょっと〜!!
うーん…
同じことを経験しても人によって解釈の仕方が変わるというのはわかるよ
でもそれで
「トラウマなんて存在しない」
ということにはならないんじゃないか?

「あの出来事はすごく不幸だった」とその人が思えばそれはトラウマと言えるんじゃないのかなあ
それだって「トラウマ」という意味づけをしている……と考えればどうでしょう?
「トラウマ」という確たる事実があるわけではない
受験の失敗を「取るに足りない過去」と意味づけするか
「自分の人生に大きな影響を与えた出来事」と意味づけするか
失敗
失敗
ズーン
それを選ぶのはその人自身なんです
おれがわざわざ好き好んでトラウマを抱えているってこと?
うーん
目的論の話覚えてますか?
人の行動は「目的」ありき「原因」は後づけ……でしたよね

あることが「原因」となって今の状況を引き起こしている
という考え方を
原因論
と呼びます
人生街道
目的
原因
ズズズ…
「過去の出来事のせいで今の自分は生きづらい」
とか
さっきのマミちゃんみたいに
「コーヒーをこぼされたのが原因でカッとなった」
というのも原因論的な見方と言えるでしょう
原因論でものを考えると現状は動かしようのない決定事項ということになってしまいます
ドッカリ
原因
でも実際には違ったわけですよね
マミさんは本当に怒っていたわけではなかった
大声を出して相手を困らせるために怒りの感情をつくり出した
えっ
……ひどい まだその話する？

アドラーが提唱した目的論では
自分がどうしたいかどうありたいか
という「目的」こそが
自分の行動やひいては自分の人生を決定している
と考えます
太りやすい
やせよう
うーん…
食べたい
現状
たべよう
CHOCO
現状を変えたければ原因ではなく目的に目を向けるべきなのです
っていうかアドラーって誰?
ヒソ…
その本を書いた人ですよ

ん――!?
パラ…
おれが受験の失敗を「トラウマ」と意味づけしている目的……か
う――ん…
そんなものがあるんだろうか?
クス
例えば細木さんが日頃ひそかに好意を寄せている女性がいるとします
その女性が向こうから歩いてきたとき
スッ
なぜかすれ違いざまに細木さんから視線を逸らしてしまった
このとき相手の行動を細木さんはどう意味づけしますか?
なんだよ藪から棒に
オフィスラブ!?
……そうだなぁ避けられていると思うだろうな
おれなにか悪いことをしたのかなとか
へんなのわたしなら「こいつおれに気があるな」
って思っちゃうけど
脈アリ
わーい
マミちゃんはポジティブだなぁ
ガクッ
はは…

たしかに マミちゃんみたいに 解釈できたら 幸せでしょう
でも 多くの人は そうじゃない
♪
エヘン！
なぜなら
「自分なんて 相手にされて いないのだ」
と解釈したほうが 自分にとっては 実は楽だからです
?
きょとん…
「目を逸らしたのは 相手が自分に好意を 持っているからだ」
と意味づけ してしまうと
「話しかける」
というような 次のステップに 踏み出す必要も 出てきます
ですがたとえ 勇気を振り絞って 話しかけたとしても 無視されるかも しれませんし
…
ゴメンね♡
運良く交際が 始まったとしても その先 振られてしまう かもしれない
わざわざ そんな目に 遭うくらいなら 「嫌われている」 と解釈したほうが 確かに楽ですね……
ズーン…
現実に 直面するのは つらいものね……

細木さんって
どうしていつも
あんなに
やる気がなさそう
なのかな?
ヒソ
ヒソ
おれだって
本気を
出したいさ……
でも
本気を出しても
成果が
出なかったら……?
その現実に
おれは
直面できるん
だろうか……?
むう…
未知の世界に
足を踏み出すのは
不安なものです
だから
多くの人は
「変われない」
のではなく
「変わらないで
おこう」
という決心を
しているんです
その言い訳として
おれはトラウマを
持ち出してる
……ってわけか
うへえ…

ぼくはずっと
部長に
嫌われたせいで
この町に
「飛ばされた」と
考えてきた……
でもあの叱責に
そこまで深い意味が
あったんだろうか？
本当のところは
わからない
だけど
少なくとも
「飛ばされた」という
意味づけをしたのは
ぼく自身だ
ぼく自身が
その意味づけを
選んだんだ
「こんな田舎で
頑張る気なんて
しないよ」
という
自分の気持ちを
正当化するために……
そうか
自分で意味づけ
したのなら
自分で変えることも
できるんだ

過去の意味づけを変えればこれからぼくが取る行動も変わってくるはずだ
だから未来が変わる
それが「人生が変わる」の意味なんですね
未来ばかりでなく過去そのものが変わることすらあり得ます
過去の意味づけを変えることで過去のことを思い出す人の「今」が変わりますからね
うーん つまり どういうことだい？
例えばこんな人がいました

子どもの頃 その人が 道を歩いていると 向こうから野良犬が やってきたそうです
グルルル…
その人は常々 お母さんから
「走って 逃げようとすると 犬は追ってくるから じっとしていた ほうがいい」
と聞かされていたので
じっとその場所に とどまっていました
ぎゅ…
ドキドキ
すると 犬に足をガブリと 噛みつかれて しまったんだそうです
うわあ……
その人の記憶は そこで 途切れていました
「こんなことがあってから この世界は危険なところだと 考えるようになった」
と彼は 言うのですが
目的論的に言えば この世界を 危険なところだと 考えるために
過去に無数に あるはずの 記憶の中から
「犬に噛まれた」 という思い出を わざわざ選び出した ということになります
世界は…
危険
楽しい
悲しい
希望

う〜ん…
その人には「世界は危険なところだ」と思いたい目的があったということですね
例えば……人との関わりを持ちたくないとか？
ええ しかし時を経て その人は
「この世界はそんなに怖いところではない 周りの人も怖い人ばかりではないし 仲間だっている」
と考えられるようになりました
すると 忘れていたことを思い出したんです
「犬に噛まれた」という話には続きがあった……と
コクリ
犬に噛まれたあとに
「見知らぬおじさんが現れて泣いている自分を自転車に乗せて近くの病院に連れて行ってくれた」
というのがその人が思い出した記憶の続きでした

その部分が加わると同じ「犬に噛まれた」という経験でもストーリーがまったく変わってきますね
その通りなんです
世界について「今」している意味づけが変われば過去も変わっていくことがあるんですよ
でもおれにはやっぱり難しいよ
「変わりたくない自分」がいることはわかったしそのためにあれこれ言い訳してきたことも事実なんだろう
過去の意味づけを変えれば未来は変わるというのも理屈では納得できるよ
でもだからってすぐに「じゃあ変わろう！」とはなれないね
はぁ〜っ
もともと消極的な性格・・なんだよなぁ……

その「性格」という言葉を
ライフスタイル
と言い換えてみたらどうでしょう?
ライフスタイル?
「性格」あるいは「問題を解決するときのクセ」を説明するのに
アドラーは「ライフスタイル」という言葉を使ったんです
Life
Styleだ!
「世界観」や「人生観」といった意味も含まれていますね
へぇ…
「消極的な性格」と言われると簡単には変えられなさそうな気がするけれど
う…ん
「消極的なライフスタイル」とか「消極的な世界観」ならなんとなく変えられそうな気もしてきますね

ライフスタイルとは
世界像
他者を含む
世界の現状について
どう思っているのか
自己概念
自分のことを
自分がどう見ているか
理想
自分および世界について
どんな理想を
抱いているのか
この3つをひっくるめた
その人の「信念体系」を指す
ライフスタイルは持って生まれたものではなく自分の手で選び取るものです
そうでなければ同じ親から生まれほぼ同じ環境で生まれ育ったきょうだいのライフスタイルの違いを説明することはできませんよね

でもおれはそのライフスタイルとやらを自分で選んだ自覚はないんだよなぁ……
?
うーん…
そう言われてみればそうですね
人はどうやってライフスタイルを選んでいるんだろう

確かに わたしたちは なにもないところで ライフスタイルを 選んだわけではありません
そこには 少なからず ライフスタイルの選択に 影響を及ぼす因子がある
なかでも いちばん影響力の 大きなものが 「きょうだい関係」です
え…？
きょうだい？ 親じゃないのかい？
きょうだい関係は 親子関係以上に ライフスタイルの 形成に影響を 及ぼすのですよ
親がほめたり 叱ったりすれば 子どもたちの間に 競争意識が芽生えます
そのことが ライフスタイルに 影響するのです

〈第一子〉
生まれてしばらくの間は王子様や王女様のように親の愛情や注目を一身に受けて育つ
レールつき しんかんせん
KING
しかし下に弟や妹が生まれると途端に王座から転落することになってしまう
多くの子どもは「あなたはこれからお兄さん（お姉さん）よ」と親に言われたのをきっかけに
それまで自分でできなかったことを自力でしようと考え勤勉な努力家になる
おにいさんだもん！
おもちゃばこ
一方で問題行動を起こしたり現状を維持したいがために保守的になったりする子どももいる
ギャハハ！
100
へぇ…

〈中間子〉
はじめから上に
兄や姉がいて
ほどなく
弟や妹が生まれるため
一度も親の
愛情、注目、関心を
独占したことがない
状態で育つ
むぅぅ…
そのため
親の注目を
集めたい一心で
問題行動を
起こすこともあれば
コラぁ!!
逆に親が
かまってくれない分
他のどのきょうだいより
自立に向かうこともある
志望校の選び方
進路
……
心当たりが…
カアア
ズズズ…
あのね
それでね〜っ
落ち着きなさいっ!
哲也ー!
帰るぞー
キョロ
キョロ
にしし っ

〈末子〉
第一子や中間子と違い
「あなたは今日から
お兄さん（お姉さん）よ」
と言われることはない
そのため
自分で努力せずに
人に頼る依存的な子どもに
なることがある一方で
人懐っこい子どもに
なることもある
講演や講義のあとで質問を募ると最初に手を挙げるのが末っ子だということはよくあるそうです
はーい
第一子として育った人だと
「こんな質問をして笑われないだろうか」
と考えて手を挙げようとしませんが
末っ子は平気でどんなことでも質問するんだそうですよ
ハハ わたし そうかも
気にせず質問しちゃう
テヘヘ♡
そういう人のほうが学びは大きいんだよ

〈単独子〉
一人っ子は対人関係の葛藤を経験することが少ないため
同年代との付き合いが下手になることがある
もじもじ
ちょっと身に覚えが……
他方自立的になり
みんなで遊ぼうぜ！
他者と一緒に生きていく努力をする子どもになることもある
もちろんこれらはあくまで「傾向」であって
何番目に生まれたから必ずライフスタイルがこうなるというわけではありませんよ
へ〜〜…
ちなみに遺伝なんかもライフスタイルに影響するんですか？

多くの人は遺伝の影響を大きく考えますが
アドラーは遺伝の影響を重視していません
子どもの性格が親に似るのは長年一緒に暮らしているうちに親を模倣するようになっただけとも考えられます
ずっと一緒に暮らしていると話し方なんかも自然と似てくるしね
クスッ
ちょっと〜
MAMA
そういうのは遺伝とは違う……と
ただしさっきお話しした「身体的なハンディキャップ（器官劣等性）」についてはライフスタイルに大きな影響を与えるとアドラーは考えました

しかし
これについても
ハンディキャップを
持った人が必ずしも
依存的になるという
わけではなく
アドラー自身が
くる病を克服したように
本人が人生の課題に
どう取り組むかで
その後の生き方は
変わってきます
すべては
本人次第
なんですね
アドラーは
「大切なのは
何が与えられて
いるかではなく
与えられているものを
どう使うかだ」
と言っています
「何が与えられているか」
ばかりに注目して
自分の能力に限界がある
と考えたい人はなにかと
遺伝を引き合いに出しますが
初めから自分に
限界があると考えて
目の前の課題に
取り組まない態度にこそ
問題があるのでは
ないでしょうか？

ライフスタイルの影響因の例
ライフスタイルのその他の影響因としては「親子関係」や「文化」なども挙げられますね
けっこういろいろあるんですね
◆器官劣等性
◆きょうだい関係
◆親子関係
・家族価値
（学歴を重視するか否かなど、それぞれの家族が持っている固有の価値観）
・家族の雰囲気
（父親が主導権を握っている、あるいは親子が対等に話し合うなど、家庭内のルール）
◆文化
育った国や地域の文化に根ざした行動スタイルや考え方
F

忘れてはならないのはどのような環境もあくまでライフスタイルを決定する「影響因」に過ぎないということです
もちろんそれなりに強力な影響因もありますが
最終的な決定因になるのは「本人の決断」しかないんです

自分で選んだライフスタイルなんだから自由に選び直してもいいってことですよね
おれのこの性格も変えられるってことか……本当かね?
そのためにはまず「変わらないでおこう」という決心を取り下げることです
それから今まで無意識に身につけてしまっていた自分のライフスタイルを「意識化」してみる
さっきお話ししたようなライフスタイルの影響因を知っておくと自分のライフスタイルを意識化するときに役に立つでしょう
別の選択肢があったことや今も昔も相手を変えて同じことをしていることを知れば新しいライフスタイルに踏み出すきっかけができます
中間子
学歴
む…
かまってほしがり
人のせいにする
臆病
単独子
末っ子
ガマンできない
あまえんぼ
気をつけてね

ふう
道のりは遠いなぁ……
ニコッ
そんなことはありませんよ
アドラーは「3日あれば人間は変われる」と言っています
……ただし勇気があればね
人生の意味の心理学
アルフレッド・アドラー

ダイジェスト解説！

アドラー心理学 1

「アドラー心理学」とは何か？

およそ一世紀前に活躍した心理学者、アルフレッド・アドラー。欧米ではフロイトやユングと並ぶ心理学の三大巨頭の一人として知られています。「人はどう生きるべきか」を問いかける、心理学の常識を超えたその思想は、第一次世界大戦後のヨーロッパやアメリカで大きな反響を呼びました。そのアドラーの心理学が近年、「幸福になるための道しるべ」として、日本でも大ブームを巻き起こしています。

アドラーが提唱した心理学のことを、日本では一般的に「アドラー心理学」と呼びますが、アドラー自身は「個人心理学」と呼んでいました。「個人（individual）」という言葉には「分割（divide）できない」という意味があります。アドラーがこの名称を選んだ理由のひとつに、「人間をタイプで分類すること」への否定がありました。他の誰にも代えることができない個人の独自性に注目し、一人ひとりがどのように人生を生きていくべきかを考えたのです。

過去の経験は、自分の生を決定しない

アドラー心理学の特徴として挙げられるのは、人は誰しもが同じ世界に生きているのではなく、自分が「意味づけ」した世界に生きていると考えることです。

同じ経験をしても、意味づけ次第で世界はまったく違ったものに見え、行動も違ってきます。アドラーはこのことを説明するために、子ども時代に不幸な経験をした人を例に挙げています。例えば「自分が不幸な経験をしたことで、それを回避する方法を学んだのだから、自分の子どもは同じ経験をしないように努力しよう」と考える人がいる一方で、「自分は子どもの頃に苦しんでそれを切り抜けたのだから、自分の子どもも苦しさを乗り越えるべきだ」と考える人もいます。このように「不幸な経験」をどう意味づけるかによって、その後の生き方や行動は大きく変わるのです。

今の自分が生きづらいのは、「幼い頃に親の愛が足りなかったからだ」とか「親から虐

待を受けたからだ」などと、「過去」に原因を求める人がいます。このように「過去の経験が自分の生を決定している」という意味づけを行うことを「原因論」と言います。アドラーは原因論を否定し、自分がどうありたいか、どうしたいかという「目的」こそが自分の生をつくっていると考えました。アドラーのこの考え方を「目的論」と言います。

原因論で考えると、タイムマシンで時間を遡り、過去を変えられるのでなければ、今の問題は解決できないことになってしまいます。しかし、目的論においては、立てられる目的や目標は未来にあります。過去は変えられなくても、未来は変えることができるのです。もちろん、これは人生が思いのままになるということではありません。むしろ、思いのままにならないことのほうが多いと言っていいくらいです。それでも、過酷な人生の中にあって、どう生きていくべきか態度決定をすることはできるのです。

「ライフスタイル」を変えれば、人生は変えられる

このように「意味づけ」次第で私たちの生き方や行動は大きく変わります。わたしたちが、この世界や人生、自分自身に対して行う意味づけのことを、アドラーは「ライフスタ

イル」と呼びました。ライフスタイルは、一般的には「性格」や「問題を解決するためのクセ」といった言葉で説明されます。「性格」という言葉には、持って生まれたもの、あるいはなかなか変えられないものだというイメージがつきまといますが、「ライフスタイル」は自分の手で選び取るものです。ライフスタイルの選択には、「きょうだい関係」をはじめとするさまざまな環境因が影響を及ぼしますが、最終的な決定因となるのは「本人の決断」のみです。ライフスタイルは自分自身で選び取ったものなので、もし変えようと思えば、いつでも自由に選び直すことが可能なのです。それを変えられないという人は、「変わらないでおこう」という決心をしているだけなのだとアドラーは考えました。ライフスタイルを変えないでおこうという決心をやめさえすれば、ライフスタイルは変えられるはずです。

ただし、決心するだけではなにも変わりません。まずは、無意識に身に付けてしまった自分のライフスタイルを意識化してみることです。そのうえで、それまでとは違うライフスタイルを選び直すのです。アドラーがどのようなライフスタイルを推奨しているかは、第2章以降で明らかになるでしょう。

人生に与えられる意味は、
人間の数と同じだけある。

（第1章「人生の意味」）

第2章

自分を苦しめているものの正体

30歳で営業課長とはたいしたもんだ
やるなあ！
キャッ キャッ
ずっと成績トップだったもんな
当然の出世だよ
おめでとうございますぅ～
ポツン…
同世代としちゃ肩身が狭いよな……
はは…
あいつはおれたちとはモノが違うから……

よう
調子はどうだい
営業課長
その呼び方は
やめてくれよ……
じ…
少し
やつれたんじゃないか
やっぱり大変なのか？
はは
元上司が部下に
なっちゃったのは
ちょっとキツいかな……
ああ見えて、
あいつ
気が弱いところも
あるからな
年上に命令
したりするのは
苦手だろう
ぼくだったら
元上司だろうが
先輩だろうが
ビシッと言って
やれるんだけどな
まぁ
ぼくが営業課長なんて
あと10年たっても
なれるかどうか……
はあ…

トボ…トボ
ふう…
ススススｯｯｯ
カタ…
にゅっ
なんだか元気ないですね失恋でもしました？
マミちゃん…
そうだなぁ
ひとことで言えば……劣等感をひしひしと感じているところさ

なぁんだ
そんなの誰だって
感じてますよ
「自分大好きー！」
みたいな人って
そんなにいないんじゃ
ないですか？
そりゃ
そうだけど……
マスター
前に言ってましたよね
「劣等感は
人生に立ち向かう力を
生み出す」って
はい
アドラーの話を
したときですね
でも
ぼくの場合は
ひたすら無力感を
生み出しているだけ
みたいです
シュン…
それはそれは……
向井さんの劣等感とは
いったいどのような？
職場に
すごくデキるやつが
いるんです
あいつと一緒にいると
ぼくごときが努力しても
ムダなんじゃないかって

なるほど
きっとアドラーなら
こう言うでしょうね
それは
「劣等感」ではない
「劣等コンプレックス」だ
と
劣等コンプ
レックス……?
その言葉は
初めて聞きました
劣等感と
どう違うんです?
向井さんは
劣等感という言葉を
どういう意味で
使っていますか?
自分は他人より
劣っている
……という意味
ですよね?
アドラーが考える
劣等感とは
「理想の自分と
現実の自分の
ギャップ」
のことです

他者との関係ではなくあくまで自分の中の問題として劣等感をとらえます
今よりも優れた存在になりたい
と思うことをアドラーは
優越性の追求
と呼んで人間の普遍的な欲求だと考えました
優越性の追求と劣等感は対をなすものです
人はまだ理想に到達できていない自分に劣っているという感覚を抱く それが劣等感なんです
優越性
理想
劣等感
同じことですよ ぼくは今ふがいない自分に対して猛烈に劣等感を覚えています
その劣等感をバネにして一歩でも前に進もうとするなら劣等感にはなんの問題もありません
でもあなたは「無力感を覚える」と言った
「ぼくごときが努力してもムダだ」ともね
う…
そんなふうに劣等感を言い訳にして目の前の課題から逃げることを
アドラーは劣等コンプレックスと呼んだのです

言い訳
ですか
グサ…
劣等コンプレックスの特徴は
日常生活の中で「Aだから、Bできない」あるいは「Aではないから、Bできない」という論理を多用することです
ヒクツだなー
例えば「学歴が低いから会社で出世できない」とか
「イケメンではないからモテない」とか
学歴で
出世がっ
この間の細木さんの話を思い出しますね
そうです
あのとき向井さんは「学歴に関係なく社会で活躍している人はたくさんいる」と反論しましたよね
ええ そうでしたね

細木さんもそうでしたが「Aだから、Bできない」という論理を持ち出す人は
Bをできない言い訳や口実としてAという理由を持ち出しているだけです
向井さんが指摘した通り実際にはAとBに因果関係はありません
Aだから必ずBができないわけではないのです
これをアドラーは
見かけの因果律
と呼びました
そして見かけの因果律を口実に人生の課題に直面しない事態を指して
人生の嘘
と呼んだのです
なかなか厳しい言い方ですね
う～ん…
厳しい言い方かもしれませんが見かけの因果律を立てて人生の課題から逃げようとする人は少なくありません

ご自分の言葉を思い出してみてください
「あいつと一緒にいるとぼくごときが努力してもムダなんじゃないかって」
モテ
同僚の人生
成績トップ
昇格
人気
出世
ぼくの人生
努力
同僚が優秀であることと向井さんの努力が実らないことの間にはなんの因果関係もありませんよね
これも見かけの因果律です
まぁその通りですが……
本来劣等感は建設的に補償するしかありません
自分が理想とする状況に到達していないと思ったときは
もっと勉強しようもっと努力をしようと考えて建設的な努力をするしかない
合格
しかし劣等コンプレックスのある人はしないこと・できないことの言い訳ばかりを探し
現実の課題から目を背けようとしてしまいます
劣等コンプレックスについてはわかりました
そういうふうに考えてしまうことがあるのも認めます

でもぼく自分で言うのもなんですけどそんなに努力が嫌いなタイプじゃないですよ
なんでわざわざ「人生の嘘」とやらをついてまで努力することから逃げなきゃならないんです?
そこが納得いかないなぁ
例えばこんな話があります
赤面症を治したいという女性が「赤面症が治ったら何をしてみたいか」と聞かれて
「好きな男性に告白したい」と答えたそうです
本人は「赤面症だから男性と付き合えない」と思い込んでいる
しかし本当にそうなのでしょうか?
うーん
人前に出るたびに顔が赤くなるんじゃぁデートにも支障をきたしますよね
とくに言い訳のようには聞こえませんが……

アドラーの目的論思考ではこう考えます
どうして彼女は赤面症になったのか
なぜ赤面症は治らないのか
それは彼女自身が
「赤面を必要としている」
からだと
え〜？
それはちょっと無理があるんじゃないですか？
いったい何のために……
赤面症をもっている限りその女性は
「わたしが彼とお付き合いできないのはこの赤面症があるからだ」
と考えることができます
勇気を振り絞って告白なんてしなくても済むし
たとえ振られても自分を納得させることができる

さらには「もしも赤面症が治ればわたしだって……」と
可能性の中に生きることができる
ぼくだったら元上司だろうが先輩だろうがビシッと言ってやれるんだけどな
…
さっき話した職場のすごくデキるやつなんですけど
そいつぼくと同い年なのに営業課長に抜擢されたんです
異例の大出世ですよそれがすごく羨ましくて……
でも自分も本当に出世したいのかと考えるとわからなくなってきました
大変そうなあいつを横目で見ながら「ぼくだってチャンスをもらえればもっとうまくやってみせる」って考えていたほうが絶対ラクですよね
まさに可能性の中に生きていたってわけだ

ち――…ん
出世したくないと考えること自体は必ずしも悪いことではないと思いますよ
誰もが管理職に向いているわけではありませんからね
ただ失礼ながら向井さんの劣等感の在り方は健全ではないように思います
健全じゃない？
健全な劣等感とは先ほども言ったように「理想の自分との比較」から生まれるものです
決して「他者と比較して自分が劣っている」ということではないんです
理想
理想の自分
「あいつには適わない」みたいに勝ち負けで考えていると劣等コンプレックスに陥ってしまいがちなんですよ

でも世の中ってたいてい勝ち負けじゃないですか
それ以外に劣等感を感じるシーンなんてあるのかなあ
いくらでもありますよ
例えば志の高い料理人なら
「自分は未熟だ」
「もっと技術を極めなければならない」
といったある種の劣等感を抱くこともあるでしょう
病気の人が今の状態を脱することを目指してリハビリに励むのも
他者との競争に関係しない健全な優越性の追求と言えます

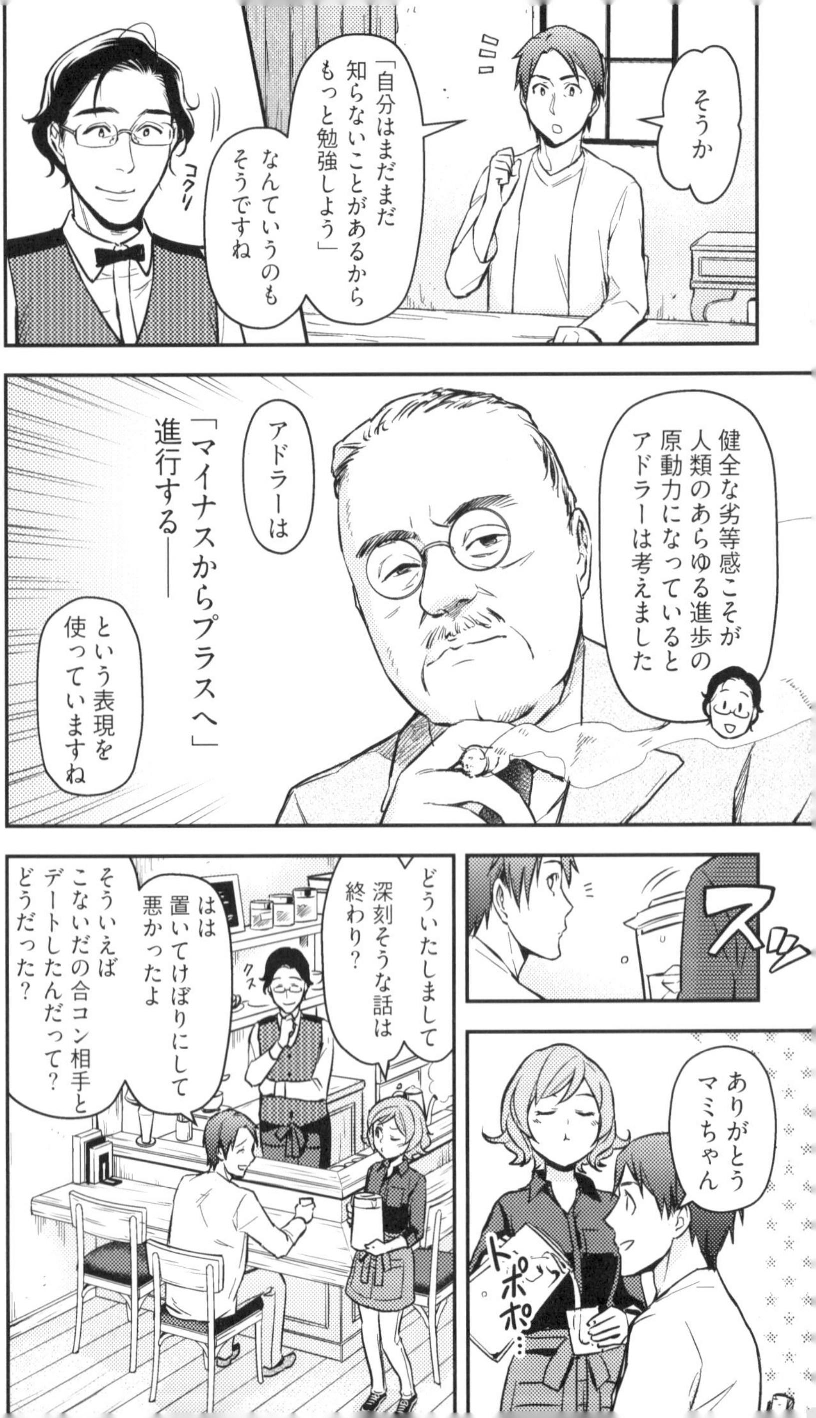
そうか
「自分はまだまだ知らないことがあるからもっと勉強しよう」なんていうのもそうですね
コクリ
健全な劣等感こそが人類のあらゆる進歩の原動力になっているとアドラーは考えました
アドラーは
「マイナスからプラスへ」進行する――
という表現を使っていますね
スッ
ありがとうマミちゃん
トポポ…
どういたしまして
深刻そうな話は終わり？
クス
はは置いてけぼりにして悪かったよ
そういえばこないだの合コン相手とデートしたんだって？どうだった？

言ったわね
マスター…
サッ
もーサイアクだった!
ずっと「昔モテた武勇伝」ばっかり
Superior
あと「スペリオル」のボーカルの知り合いだっていうのをやたら自慢するの
それは結構すごいじゃないか
ぼくも好きだよスペリオル
スペリオルのメンバーって全員この町の出身なのよ
ちなみに
その人の
同級生の
お兄さんがボーカルなんだって
誰?
そりゃまた遠い知り合いだなぁ

あと
なにかと言えば
「きみ
そんなことも
知らないの？」
って言うのよね
ゴゴゴ…
まったく
バカですみません
でしたね！
ウガー！
はは…
ふむ
その彼は
典型的な
優越コンプレックス
だね
優越コンプレックス……
それはなんです？
さっきの
劣等コンプレックスの
親戚ですか？
対になるもの
と言えるでしょうね

「他者との比較から生じる
劣等感や優越感」を
「劣等コンプレックス」
「優越コンプレックス」
と呼びます
あの人に負けてる…
あいつには勝ってる!!
優越コンプレックスを持つ人の特徴は背伸びをして自分を実際よりも優れているように見せようとすること
ふむふむ
さっきのマミちゃんの話に出てきた「過去の栄光を自慢する」とか「有名人の知り合いである ことを自慢する」などは典型的な例ですよ
カッ
なるほど本当に優れている人はわざわざ自分を誇示したりしないもんなあ
わざわざ言葉に出して自慢するのは「背伸び」なのか
うーん…
その点はアドラーもはっきりと指摘しています
「もしも自慢する人がいるとすればそれは劣等感を持っているからにすぎない」
とね

ふうん…
つまり劣等コンプレックスと優越コンプレックスは言葉の響きこそ正反対だけれど
実際にはつながっているんですね？
その通りです
優越コンプレックスを持つ人の中には自分のことを自慢するのではなく
他者の価値を貶めることで相対的に自分を上に置こうとする人もいます
これをアドラーは
価値低減傾向
と呼びました
例えば「仕事とは無関係のことで部下を理不尽に叱りつける上司」などがそうですね
この町に異動してくる前の上司がまさにそれでしたよ
そういう人物は仕事の部分では自分は優れていないと自覚しているので部下を叱りつけることで優位に立とうとするんです

今さらですけど
どう接すれば
よかったんでしょう?
ううん…
わたしなら
萎縮することなく
普通に接するでしょうね
優越コンプレックスの
持ち主は言ってみれば
常につま先立ちで
背伸びをしているので
実は自分自身もつらいんです
部下が普通に接すると
「この部下の前では
自分をよく見せようと
しなくてもいいんだ」
と思えるようになり
少なくとも
その部下の前では
行動が変化
していくことが
あるんですよ
そうなんだ…
もっと前に
知りたかったなぁ……
いじめや差別も
価値低減傾向のある人が
引き起こしている
ケースが多いですね
いじめる側
差別する側の人は
強い劣等感を
持っています
だからこそ
自分よりも弱い人を
ターゲットにして
いじめたり
差別したりすることで
相対的に自分を上に
位置づけようと
するんです
うわぁ
サイアク……

優越コンプレックスって
いろいろなパターンが
あるんですね
自慢… 背伸び… やつあたり… いじめ…
いわゆる「不幸自慢」も
優越コンプレックスの
一例と考えられます
自分の不幸な体験を
好んで語りたがる人は
不幸であることによって
特別であろうとし
その点で
自分が他の人より
優れていると誇示しようと
しているわけです
こんなに不幸な
わたしはすごい
ってことね
そういう人たちは
他人が「大変でしたね」と
同情の気持ちを示しても
聞く耳を持ちません
「あなたのような
恵まれた人には
わたしの気持ちなど
わかるはずがない」
と拒絶反応を示します
わたしは
悲劇のヒロインなの！
すると
周りの人としては
腫れ物に触るように
接するしかなくなって
しまいますよね
う～む…
なるほど
まさに王様状態ですね

そうなんです
アドラーはこんなことも言っています
「われわれの文化において弱さは非常に強くて権力がある」
一番わかりやすいのは赤ちゃんですね
赤ちゃんは大人からの世話を受けないと一瞬も生きていけません
一番弱いからこそ一番強く常に周りを支配しているわけです
一度整理させてください
「優越性の追求」や「劣等感」は人間の進歩の原動力になっている
ええと…
一方でそこから派生した「劣等コンプレックス」や「優越コンプレックス」はぼくらの生きづらさの原因になっている——
そうですよね
ええ.

ううん…
どういうときに
人は劣等コンプレックスや
優越コンプレックスのほうに
ハマってしまうんでしょう?
先ほど
劣等コンプレックスや
優越コンプレックスは
「他者との比較から生じる
劣等感や優越感」である
と言いましたよね
多くの人が陥りやすい
間違いのひとつは
優越性の追求を「競争」だと
思ってしまうことです
わたしたちは普段
競争社会で暮らしているので
ともすれば
優越性の追求を
「他者よりも優れていようとすること」
「他者を蹴落としてまで上に登ろうとすること」
だと考えてしまう
…
そう言えば
さっきも
「勝ち負けで考えるな」って

競争は
精神的な健康を損ねる
もっとも大きな要因です
勝つか負けるかの
競争の中に
身を置いている人は
たとえ競争に勝っても
いつ負けるかもしれない
と思っているため
心の休まる暇がありません
だから
劣等コンプレックスや
優越コンプレックスには
生きづらさが
つきまとうんですね
これだけは
覚えておいてください
「競争する相手は
他者ではなく自分である」と
ギィ
カラン
カラン
カッ
おや
ウワサをすれば

いらっしゃいませ〜っ
轟 悠生 (38)
ギタリスト
えっ
ついさっき
マミちゃんの話に
出てきたでしょう
「スペリオル」
この人
メンバーなんですよ
元ですけど
ガタン
そう言えば
メンバー全員
この町の
出身だって……
まぁ
そうなんだけどさ
フッ
おれは
メジャーデビュー直前に
クビになったんだよ
音楽性の違い とかで
そうなん
ですか……
でも
今も音楽は
続けてるんですね
インディーズバンド
「インフェリオル」と言えば
この界隈じゃ有名ですよ
ライブをやれば
いつも満員御礼です
おぉ〜
インフェリオル

そう言えば
そろそろ
アニバーサリーの
時期ですね
ライブ
楽しみに
していますよ
……もう
いいんだよ
……はい？
グッ
もう
潮時なのかもな
オレなんて
しょせん
負け組なんだから
シーーン…
どうして？
たくさんファンも
いるんでしょう？
それでも
昔の仲間がテレビに
出てるのを見ると
やっぱり
ツラいもんがあるよ
いまさら
メジャーデビューを
目指しても
しょうがないけどな
ハァ…
メジャーデビュー
したいんですか？

そういうわけでもないけどさ
ただあいつらに負けっぱなしだというのが悔しくてね
なぜそんなに昔の仲間にこだわるんです?
そりゃまぁライバルだからな
ライバルというよりも「敵」みたいに聞こえましたけどね
スッ
同じようなもんだろう この20年間あいつらを見返してやりたいという気持ちだけでずっとやってきたんだ
カチャ
そんな……それで楽しかったですか?
嫌なことを聞くねえ
クッ
そりゃあいつらと同じくらいのビッグなバンドになってセールスでもあいつらを抜いたりできれば楽しかっただろうさ

この人も「勝ち負け」にとらわれているんだ……
……つまり昔の仲間に認められたかったんですね
ズ…
まぁそういうことになるんだろう
カチャ…
他者から認められたいと思っている人というのは結局のところ自分のことしか考えていないんです
轟さんも昔の仲間に自分を認めさせようと必死でファンのことなんて考えてもいなかったんじゃないですか

……あぁ
そうかもな
でも
そのままではいつまでも
生きづらさが
つきまといますよ
人生は競争じゃ
ないんですから
マスターの
言ってることは
なんとなくわかるよ
ただおれはずっと
あいつらへの競争心を
原動力に生きてきたんだ
今さら他の
生き方が思いつかない
…
あのぅ……
なんだい
ピート・ベスト
ご存じですよね
ビートルズに
なれなかった男
……か
おれみたいだって
言いたいのかい?
フッ

※ピート・ベスト…ビートルズのドラマーとしてインディーズ時代のバンドを支えるが、メジャーデビューの直前に、リンゴ・スターに取って代わられる形で突如解雇された。「5人目のビートルズ」として知られる。

ピートのインタビューを読んだことがあるんです
娘さんに「パパはビートルズだったの？」と聞かれて
「ビートルズを追い出されたから今パパはお前たちとここにいるパパはそれですごくハッピーだ」と答えたとか
そりゃ……娘にはそう言うだろうさ
ぼくにはただの強がりとは思えないんです
たしかにビートルズを抜けた直後のピートは幸せじゃなかったかもしれません
自分で結成したバンドは振るわずショービジネスからは事実上引退してしばらくは職業安定所の職員として働いていました
でもそのあと50歳近くになって一夜限りのつもりで結成したバンドをきっかけに復活し今でも「ピート・ベスト・バンド」として30年近く活動を続けています
……これってすごいことじゃないですか？
……そうだな

ぼくは信じているんです 彼は今本当に「ハッピー」なんだと
きっと その人は「普通であること」を受け入れたのではないでしょうか
おいおい 「普通」だなんて アーティストにとっちゃ 死刑宣告のようなもんだぜ
果たして そうでしょうか？ 「普通であること」と 「無能であること」は まったく違います
自分には 昔の仲間たちのような 輝かしい才能は なかったかもしれないが 大切な家族がいて 長年支えてくれている ファンもいる
そんな ありのままの 自分を受け入れれば 世界の見え方は 一変するはずです
……

さきほど「今さら他の生き方が思いつかない」とおっしゃいましたが
誰と競争することもなくただ前を向いて歩いて行けばいいじゃありませんか
昔の仲間と自分を比較する必要もありません
人間は常に今よりも優れた存在になりたいと思いながら日々を生きている
でもそれは他の人を押しのけて上へ上へと向かっていくようなものじゃない
そして自分にしか向けられていなかった関心を他者――例えばファンや家族に向けていくんです
他者への貢献という意識や視点を持てるようになるとおのずと誰かと競おうとは思わなくなります
平らな地平をみんなが先へ進もうとしているイメージだ

自分より
前を歩いている人もいれば
後ろを歩いている人もいる
速く歩く人もいれば
ゆっくり歩く人もいる
それは
「違い」ではあっても
勝っている・劣っている
ということじゃない
そんな中を一歩一歩
前に進んでいけばいい
たとえ誰かに追い抜かれようとも
自分が今いる場所から
少しでも前に進むことができれば
それでいいじゃないか

ふう…
カチャ
おい青年
はい？
ニッ
こんどライブに来いよ盛り上がるぜ
ぜひ……！
こんどあいつとも飲みに行くかな……

ダイジェスト解説！

アドラー心理学 2

劣等感は、人類の進歩の原動力

アドラーは、その代表作『人生の意味の心理学』の中で「劣等感」に注目しました。わたしたちの多くは「自分を好きになれない」という劣等感に悩んでいます。しかし、劣等感とうまく付き合えば、飛躍の原動力に変えることも可能です。そもそも、劣等感とはなんなのでしょうか？

人は常に、自分のためになること（善）を追求して生きています。何が自分にとって善であるかという判断を誤ることもありますが、それでも、私たちは善を追求し、「今よりもすぐれた存在になりたい」と思いながら日々を生きています。アドラーはこれを「優越性の追求」と呼び、人間の普遍的な欲求だと考えました。

この「優越性の追求」と対を成すのが「劣等感」です。劣等感というと、他者と自分の比較から生じるものと思われがちですが、ここでいう劣等感とは「理想の自分と現実の自分との比較」から生じるものです。まだ理想に到達できていない自分に対して、劣っているという感覚を抱くわけです。アドラーはこの劣等感こそが、人類の進歩の原動力になっていると考えました。優越性の追求と劣等感は、共に努力と成長への刺激になるのです。

生きづらさの原因になる「劣等／優越コンプレックス」

しかし、一方でアドラーは、強すぎる劣等感と過度の優越性の追求のことを、それぞれ「劣等コンプレックス」「優越コンプレックス」と名付け、いずれも人生に有用ではない面にあると考えました。これらはそれぞれ、具体的にはどんな状態を指すのでしょうか？

アドラー心理学では、劣等感を「言い訳」に使うことを劣等コンプレックスと呼んでいます。劣等コンプレックスの特徴は、日常生活の中で「Aだから、Bできない」、あるいは「Aではないから、Bできない」という論理を多用することです。Bをできない言い訳や口実としてAを持ち出すわけですが、実際にはAとBに因果関係はありません。ただ、本人が「因果関係がある」と思いたいだけなのです。このような事態を指して、アドラーは「見かけの因果律」という言葉を使いました。劣等コンプレックスとは、見かけの因果律を立てて、自分が取り組まなければならない人生の課題から逃げようとすることです。
本来、劣等感は建設的に補償するしかありません。自分が理想とする状況に到達していないと思った場合は、もっと勉強しよう、もっと努力しようと考えて、建設的な努力をするしかないのです。しかし、劣等コンプレックスのある人は、しないこと、できないことの言い訳ばかり探し、現実の課題から目を背けてしまいます。
一方、優越コンプレックスは、劣等コンプレックスと対になるものです。自分を実際よりも優れているように見せようとするのが、優越コンプレックスを持つ人の特徴と言えます。そのために絶えず他者の評価を気にかけ、他者からの期待に応えようとします。
ですが実際には、自分が思っているほど誰も自分に期待も注目もしていないはずです。それなのに人の目を意識して、自分で自分についての理想を高くしてしまうのです。他者から期待されていると思っている自分のイメージと、現実の自分があまりにかけ離れてしまうと、現実的に優れようと努力すること自体も断念することになってしまいます。

競争する相手は他者ではなく自分である

このような劣等コンプレックスや優越コンプレックスから脱却するには、まずは今、自分が優越性についてどう解釈しているかを意識化することが必要です。

多くの人が陥りやすい間違いのひとつは、優越性の追求を「競争」だと思ってしまうことです。わたしたちは普段、競争社会で暮らしているため、ともすると優越性の追求を「他者よりも優れていようとすること」だと考えてしまいます。しかし、アドラーが言う優越性の追求とはそういうものではありません。競争は、精神的な健康を損ねるもっとも大きな要因です。勝つか負けるかの競争の中に身を置いている人は、たとえ競争に勝っても、いつ負けるかもしれないと思っているため心の休まる暇がありません。

健全な優越性の追求とは、自分にとっての「マイナス」から「プラス」を目指して努力することです。誰かと競争しようとはせずに、自分がただ前を向いて確実に一歩前に足を運ぼうと意識して歩いていればよいのです。すべての基準は自分です。たとえ誰かに追い抜かれようとも、自分が今いる場所から少しでも前に進むことができれば、それは優越性を追求していることになるのです。

感情は人のライフスタイルの真の表現であり、ライフスタイルを変える時にだけ根絶される。

（第2章「心と身体」）

第3章

対人関係を転換する

岸見商事
いやぁ 今回は向井くんのおかげで助かったよ
また次もよろしく頼むよ
はっはっはっ
おまかせください！
見商事
ガーーッ…
よし！
ばったり
あ

こないだは
愚痴っちゃって
すまなかったな
ちょっとずつだけど
周りに思ったことを
言えるようになってきたよ
よかったじゃないか
頑張れよ！
おう
お互いな！
インフェリオル
Anniversary20
前売り券 SOLD OUT
当日券（先着順） ¥2,5
会場 ライブハウス
それぞれが、
「前に進んで」いるんだなぁ……

着信中
実家
応答
拒否
もしもし……父さん？
どうだ元気でやっているか
うん元気だよ……どうしたの急に？
……………
じつは孝史がな……
!
孝史は年の離れたぼくの兄だ
ゴホン

ぼくの実家は代々
A県で
造り酒屋を営んでいる
ぼくが大学を
出たばかりの頃
いっとき
酒蔵は傾きかけていた
それを
立て直したのが
兄だ
家のことは
心配するな
お前は自分が
決めた道を行け
実家のピンチを救うべく
勤めていた広告代理店を
辞めて地元に戻ると
兄は持ち前の
アイデア力をフルに発揮し
さまざまな改革に着手した
むかい酒
そして数年前
酒蔵にレストランを
併設するという
アイデアが大当たり
酒蔵は一躍
人気の観光スポット
になった
酒蔵レストラン
MUKAI
カジュアルコース
MUKAIコース
ぜいたくコー
地産地消オーガニック
家族一同
てんてこまいで
皆嬉しい悲鳴を
あげている
……と聞いて
いたんだけど……
なんだか
イヤな予感がする……
ごくり…
MUKAI

孝史が事故に遭った
……!
配達の途中で車がスリップしたんだ
幸い命に別状はないが……車いす生活は避けられんらしい
参ったよ……営業から経理まで全部あいつに任せっきりだったからな
そこで相談なんだが……
父が何を言おうとしているのかぼくにはもうわかっていた
お前戻ってきてうちの営業をやってもらうわけにはいかないか?
ぎゅ…
……
そっちの仕事があるのはよくわかってるさ
でも戻ってきてくれるとみんなが助かるんだがなぁ

わかった
近いうちに
見舞いに帰るよ
でも
仕事の件は
ちょっと考えさせて
ほしい……
はぁ…
カランカラン

シーーン
ニコッ
いらっしゃいませ
……
いらっしゃいませー!!
?
ペコ…
優くん
どんな感じですか?
じ…
日中は
ずっと
部屋の中よ
たまに夜中に
顔を合わせる
くらいね
そうなんですか……
夜中にコンビニに
行くこともあるようだけど
それが唯一の外出
ってとこかしら
この先
一体どうすれば
いいのか……
ハァ…
倉田加世子(50)
主婦
へんな話して
ごめんなさいね
ウフフ
あっ
いえっ
とんでもないです

うちの子 高校でマミちゃんと 一緒だったの
でも 大学に入ってから 引きこもるように なっちゃって……
優くん 高校時代には 女子にも そこそこ モテたんですよ
どうして こんなことに……
大学の友達と 何かあったみたい 何度も聞いたんだけど 教えてくれなかったわ
そうなんだ…… 人間関係って 難しいですよね……
……
「人間の悩みはすべて 対人関係の悩みである」
？ それも アドラーさんの 言葉？

アドラーって
昔の心理学者なんですけど
その人の言うことが
ホント目からウロコなんです
それは
興味深いわね
でも
「すべて対人関係の悩み」
とは大きく出ましたね
はは…
ぼく
人間の最大の悩みは
「死」とかそういう
ものだと思ってました
「死」が
どういうものであれ
愛する人との永遠の
別れだと考えれば
対人関係の話に
なりますよね
どんな問題も
必ず行き着く先は
対人関係
だということです
……たしかに
わたしの悩みは
最近太っちゃった
ことだけど……
それだって
他の人からどんなふうに
見られているのかを
気にしてる
ってことだもんね
そうか　宇宙に
自分一人しか
いないんだったら
太っていても
痩せていても
関係ないか
アラ！
そんなの
太ったうちに
入らないわよ

孤独ですら他の人がいるからこそ生まれてくる
一人でいれば孤独感すらありません
それにしてもうちの子はどうして引きこもるようになっちゃったのかしら……
対人関係に問題を抱える人の共通点は他者を「敵」と見なしていることです
この世界全体を危険な場所だととらえ他者はみな隙あらば自分を陥れようとする怖い存在だと考えている
えっ
「気に入らないやつがいる」くらいならわかりますけど「敵」というのは穏やかじゃないなぁ
他者と関われば必ずそこに摩擦が生まれます
憎まれたり嫌われたり裏切られたりといったことも生じるでしょう
そうなって傷つくのが怖いから「他者と関わりを持たないようにしよう」と考える
そう考えるためには他者を敵と見なす必要があるわけです

うっ
あの子が
そんなふうに
考えているなんて
思ったこともなかったわ
愛情を持って育てて
きたつもりなのに
「他者は敵」だなんて……
他者を
敵だと考える人の多くは
「自分が世界の中心にいる
（いたい、いなければならない）」
と考えています
中心
広場恐怖症
の人は
その典型的な
例ですね
外の世界を
恐ろしいと感じ
家に引きこもって
外に出なくなります
わ
優くんと同じだね
グサッ
あれ？
外の世界が恐ろしいから
他者と関わりを
持ちたくないのに
「自分が世界の中心にいたい」
というのはなんだか
矛盾してませんか？

広場恐怖症の人が外に出ようとしないのは外の世界が怖いからというよりも家の中にいる限りは「家族」という共同体の中心でいられるからです
中心
ムリしないで
いつでも
力になるから!
CAKE
家族のみんなが自分のことを心配しあれこれ奉仕してくれるので居心地はすこぶるいい
なるほど…
ちなみに自分を世界の中心だと考えてしまう人の多くは幼い頃に甘やかされて育った経験を持っているそうですよ
特別甘やかしたつもりはなかったんだけど……
あの子の姉が早くに亡くなったからその分可愛がったというのはあるかもねぇ
幼い頃にすべてのものを与えられて育つとやがては他者から与えられるのが当然だと思い
他者が自分に何をしてくれるかにしか興味を示さない大人に成長してしまうことがあります
そんな人が「現実」に直面すると外の世界に恐怖を感じるようになる
いったん外に出てしまうと自分は「ワン・オブ・ゼム（大勢の中の一人）」でしかなくなってしまいますからね
かわいいわ～
お姫さまみたいね～
うちの子が悪いって言うの!?
あれも
これも!

学校
恋人
友達
会社
バイト
習い事
自分を
世界の中心に置くために
周りの世界を
切り取っていった結果が
引きこもりなんですね……
アドラーは
子どもを甘やかすことを
非常に厳しく見ていました
甘やかされた子どもは
大人になってからも
他人に依存する人間に
なってしまう
「いつも注目されたい子ども」
になってしまいます
夜尿症
も
その一例ですね
それって……
おねしょ？
そう
思うような注目を
得られないので
親が困ることを
一番困るタイミングで
するわけです
じぃ…
もぉ〜〜〜っ!!

夜におねしょをする子というのはたいてい昼間は大丈夫
でも夜中におねしょをすることで親を起こして注目を引こうとする
ブルッ
ああ…
そういえばあの子小4までよくおねしょしてたわ
そんなときは「おねしょに注目しない」
それしかありません
子どもの目的は「注目を得ること」ですから
「シーツぬれちゃったからお母さんと一緒に寝る?」なんてのはダメだったのかしら?
ええ
親がおねしょに注目しなければ子どもにとってもおねしょをする意味はなくなります
ただし根本的な解決にはなりません
アドラーはこう言っています
人は症状の目的が同じならたとえひとつの症状がなくなっても
「一瞬の躊躇もなしに新しい症状を身につける」
やれやれ
と

親に注目されるために別の手段を見つける……ってことですか
中学生のときにグレていたのもそのせいだったのかしら……？
ハッ
甘やかされて育った子どもは承認欲求の強い子どもに育つ可能性もあります
承認欲求って他人に認めてもらいたいと思う欲求のことでしょう？
それってそんなにいけないことかしら？
承認欲求が強いと他者から賞賛されたり注目されたりしなかったときに
「なぜ自分は認めてもらえないいんだ」
と憤慨したり
「せっかくやったのにほめられないならもう二度とやらない」
などと考えるようになってしまうのです

うーん…
その気持ちはわからなくもないかな……
実際そういう人は増えています
その背景として考えられるのが「賞罰教育」
ほめられて育つと学校の廊下にゴミが落ちていても周りに人がいるときだけ拾って
誰も見ていない場合は平気で素通りするような子どもになってしまう
えらいわ〜っ
スッ
さすがねー!
ムシ。
もう少し厳しくしていればよかったかしら?
それも違います
これからする行為が適切なのかどうかを自分で判断できない子どもになってしまうのは一緒ですよ
なんていい子なの!!
チラ…
チラ
かたや他者の顔色を窺いつつほめられそうなことは喜んでやる
かたや叱られそうならやりたくないことでもやる
カンパーイ
イエ〜ッ
麦ビール
いずれも自分で判断していないという点では同じです

うーん
ほめても
叱ってもダメ
子育てって
たいへん!
たいへんなのに
誰も
ほめてくれない
だから承認欲求が
強い人にとっては
子育てがとても
ツラいことに
なってしまう
介護なども
そうですよね
与えても
返してくれる
わけじゃ
ないものね……
ハァ…
そのツラさから
抜け出すには
「ギブ&テイク」という
発想をやめることです
子育ても介護も
「ありがとう」という言葉を
期待するのをやめればいい
感謝されようがされまいが
相手に貢献できていると
感じられればそれで
いいじゃありませんか
人生は
ギブ&テイク
じゃない……
生きることは
「ギブ&ギブ」です

そんなふうに考えて行動するのは実際には難しいと思う人もいるでしょう
ですがギブ&ギブだととらえればたとえ承認されなくても自分の行為の価値を自分で判断できるようになる
ことさらに人から承認されなくてもいいと思えるようにきっとなります
うちの子のことだけど……これからどうすればいいのかしら?
無理矢理にでも部屋から引きずり出すべき?
わたし説得しに行ってもいいですよ
それはダメです
ええっ
へえ
どうして?

そうですね……
今ここに
ひとつの課題があります
「引きこもりを脱して
家の外に出る」という課題が
問題はこれが
「誰の課題か」
ということです
誰の課題か？
そんなの優くんのに
決まってるじゃない
ええ
優くんの課題であって
マミちゃんの課題でも
お母さんの課題でも
ありません
そして
「他者の課題には踏み込まない」
これが
アドラー心理学の
基本的なスタンスです
こんなふうに課題が
誰のものなのか
ハッキリさせることを
課題の分離
と呼んでいます

他者の課題に踏み込まない……って
つまり放っておくということですか?
自分でなんとかするしかないということですよ
えー
そんなぁマスター冷たすぎ!
誤解しないでほしいのは課題の分離とはあくまでも自分に何ができるかを考えるときにその判断の根拠になる考え方だということなんだ
他者から協力や援助があったときに切り捨てろということではないよ
なーんだよかった!!
あの…
そもそも「誰の課題か」というのをどうやって判断するのかしら?
うちの子が引きこもっているのはわたしの課題でもあるんじゃないの?

誰の課題かを見分けるのは簡単です
「最終的な結末が誰に降りかかるか」
要するに
「誰が困るか」
を考えればいい
うーん
優くんが引きこもっていてその結末が誰に降りかかるのかと言えば……
貯金ゼロ
孤独
やっぱり優くんよね
でもわたしだって困るわよ あの子にはちゃんといい人生を歩んでほしいと思ってるもの
わたしたちが死んだあとであの子がつらい目に遭うのなんて耐えられないわ
「いい人生を歩んでほしい」と思うのはお母さんの課題です
優くんからすればお母さんの課題を解決する義務はない
子どもは親の期待を満たすために生きているわけではないのです

戻ってきてくれると
みんなが助かるんだがなぁ…
……なんだかすごくドライな考え方ですね
そこの議論をせずに一方的に踏み込んでいくのはとても危険だということですよ
こうすればもっといい人生になるよ！
こういう人になってほしい！
あらゆる対人関係のトラブルは他者の課題に土足で踏み込むこと
もしくは踏み込まれることから起こっていると言っても過言ではありません
勝手に入ってきた!?
課題
人の課題に土足で踏み込む？
例えば雨が降ってきたとします
それに対して何ができるでしょう？
?

傘をさしたり
タクシーに乗ったり
することはできます
TAXI
でも
雨と闘ったり
負かそうとしたりしても
無駄でしょう
ウオオオ
止まれええええ!!
ぐっしょり
これは
アドラー自身が用いた
たとえ話ですが
「雨と闘う」というのは
感情や力で他者を
支配しようとすることです
そんなことが
できるはずはない
「人の課題に土足で踏み込むことができない」
というのは
そういうことです
ふむ…
そう言われても
ただ放っておく
なんて……

わたしなら引きこもっている状況について介入しようとせず
過度に注目することをやめるでしょう
つまり部屋の外に食事を持って行くようなことはしない
やってるわ…
NG
ここに置いておくからね…
サッ
そのうえで困ったときにはいつでも援助する用意があるというメッセージを伝えておく
ゆうくんへ
話したくなったらいつでも聞くからね。
おかあさんより
すると親の変化を察知した子どもは今後どうするのかということを自分の課題として考えざるを得なくなります
このままひきこもっていたら…
援助を求めてくることもあるでしょうし
独力でなんとかしようとすることもあるでしょう
学校のことで相談が…
学校はムリ
それなら働こう…
求人
12月
本当にそんなことで?

カウンセラーの友人から聞いた話です
勉強をしない子どもに手を焼いた親があちこちのカウンセリングや精神科医の診察を受けていたそうです
カウンセリ
数学 15
国語
英語 0
精神科
でもその間子どもに一切の変化はありませんでした
ようやく親が「親といえども子どもの人生はどうすることもできない」と気づいて子どもの課題を手放したとき
子どもが自ら「これからどう生きていけばいいのか」と友人のもとを訪れたのだそうですよ
2年も経ってから
ですが
……
ある国にこんなことわざがあります
「馬を水辺に連れていくことはできるが水を呑ませることはできない」
プイッ
人をムリヤリ変えることはできないってことね
コクリ

自分を変えることができるのは自分しかいません
課題の分離の話なんですが……
なんでしょう？
「相手の期待に応えたい」と思うのも課題の分離ができていないということなんでしょうか？
わたしたちは他者の期待を満たすために生きているのではありません
他者の期待など満たす必要はないのです
それはそれで身勝手だという気がします
マスターも他者に貢献することは大切だって言ってたじゃないですか

他者貢献はもちろん大切です
ですがそれ以前にあなたはあなたの人生を生きている
ユダヤ教の教えにこんな言葉があります
「自分が自分のためにに自分の人生を生きていないのであればいったい誰が自分のために生きてくれるだろうか」
わたしたちはみんな究極的には「自分」のことを考えて生きている
そう考えてはいけない理由などありません
そんなふうに考えられればラクなんですが……
はあ…
たとえ期待に応えて相手を喜ばせたとしても
それでは他人の人生を生きていることになってしまいますよ

父さんたちが
喜ぶのなら
それでもいいかな……
ボソ…
それで本当に
幸せになれる
でしょうか？
もしその
選択に失敗したと
思ったとき
あなたはそれを
相手のせいに
しませんか？
もしかしたら
恨んだり
復讐しようとしたり
するかもしれません
マスターの
言うことは
よくわかります
でも相手を
ガッカリさせるのも
怖いんです

覚えておいてください
あなたが「他者の期待を満たすために生きているのではない」のだとすれば
他者もまた「あなたの期待を満たすために生きているのではない」ということを
あなたの行動に対して相手が怒ったりガッカリすることがあって当然です
それはあなたが気にすべき問題ではありません
やっぱりちょっと冷たい考え方だという気がするなぁ
「冷たい」のではなく「涼しい」のですよ
ニコッ

それとこれは忘れてはならない点ですが
課題の分離は決して「対人関係の最終的な目標」ではありません
相手との関わりを全部切ってしまって無関心になれ……というようなことではないのです
なんとなくそんなイメージを持ってしまいました
課題の分離とはもつれた糸をほどくような作業です
Aさんの課題
Bさんの課題
Cさんの課題
グチャ
現状をはっきりさせて最善の道を見極めるためのステップなのです
いずれにせよ勇気は必要ね
それは
「幸せになるための勇気」
と言えるのではないでしょうか?

お前にも
仕事があるのは
よくわかっているさ
でも
戻ってきてくれると
みんなが
助かるんだがなぁ
父さんたちを
ガッカリさせたくはない
でも
ぼくの将来のことは
ぼく自身の課題だ
父さんたちに
「戻らない」って言ったら
縁を切られるだろうか
二度と
うちの
敷居を
またぐな!!
塩
それは
父さんたちの課題だ
ぼくが
今ここで悩んでも
仕方がない
ぼくにできるのは
父さんたちを
信じること
それは
ぼく自身の課題だ
カチャ…

お前は
自分が決めた
道を行け
よし
決めた
え
なにを？
？
？
自分の人生を
生きることを
さ

ダイジェスト解説！

アドラー心理学 3

すべての悩みは対人関係の悩みである

アドラーは、著書の中で「人間の悩みはすべて対人関係の悩みである」と言っています。人が一人で生きているのであれば、そこには善悪もなく、言葉もいりません。孤独ですら、他の人がいるからこそ生まれてくるものです。一人でいれば孤独を感じることなどはないでしょう。どんな問題も、行き着く先は対人関係と言えます。

対人関係に問題を抱える人の共通点は、他者を「敵」と見なしていることです。さらにはこの世界全体を危険な場所だととらえ、他者は皆、自分を陥れようとする怖い存在だと考えています。なぜ彼らはそんなふうに思ってしまうのでしょう？　第1章の「目的論」で考えれば、そこには「他者との関係に入っていきたくない」という目的があります。他者と関われば、必ずそこには摩擦が生まれ、嫌われたり、裏切られたりといったことが生じます。そうなって傷つくのが怖いので、他者と関わりを持たないようにしているのです。

対人関係の悩みから逃れようと思うなら、外に出るのを避けるのではなく、まずは他者に対する意味づけを変えることが必要になってきます。他者を敵ではなく「仲間」と考えてみれば、人生は大きく変わります。

なぜ、他者を「敵」だと感じてしまうのか？

他者を敵だと考える人の多くは、「自分が世界の中心にいる（いたい、いなければならない）」という意識を持っています。外の世界を恐ろしいと感じ、家に引きこもって外に出なくなる「広場恐怖症」の人などは、その典型的な例です。自分を世界の中心だと考えてしまう人の多くは、幼い頃に甘やかされて育った経験を持っています。すべてのものを与えられて育つと、やがては他者から与えられるのが当然だと思い、「他者が自分に何をしてくれるのか」にしか興味を示さない大人に成長してしまいます。そして、ひとたびそうはいかない現実に直面すると、不機嫌になったり、攻撃的になってしまうのです。

このように育った人は、強い「承認欲求」を持つようになるかもしれません。他者にほめられたい、認められたいという欲求です。しかし、承認欲求があるとさまざまな問題が生じます。他者から注目されないと「なぜ自分は認めてもらえないのだ」と憤慨したり、「せっかくやったのに、ほめられないなら二度とやらない」と考えたりしてしまうのです。

対人関係は「課題の分離」で考える

それでは、承認欲求や、世界の中心に自分がいるという意識から脱却するにはどうすればいいのでしょうか？　そのキーワードのひとつになるのが「課題の分離」です。「課題の分離」とは、自分の課題と他人の課題を切り離して考えることです。あることの最終的な結末が誰に降りかかるか、その責任を最終的に誰が引き受けなければならないかを考えれば、その「あること」が誰の課題なのかわかります。

カウンセラーは、「子どもが勉強をしない」という相談を親から受けることがよくありますが、そのときは「勉強をする（しない）のは誰の課題なのか」をまず考えます。勉強をしなかったら困るのは子どもです。つまり、勉強は親ではなく子どもの課題なのです。一方で「子どもにいい人生を歩んでほしい」と思うのは親の課題です。子どもからすれば、親の課題を解決する義務はありません。

あらゆる対人関係のトラブルは、人の課題に土足で踏み込む（踏み込まれる）ことから起こっていると言っても過言ではないでしょう。アドラーは、雨に例えてこう説きました。「わたしたちは降っている雨を傘で防ぐことはできても、雨を止めることはできない」。他者の感情も雨と同じで、いくら力で押さえ込もうとしても変えることはできません。

話を戻せば、「他の人が自分をどう見るか」は、他の人の課題です。つまり「自分についての相手の評価を、自分ではどうすることもできない」ということです。他者にほめられたい、認められたいと思っても、それは子どもに勉強してほしいと願う親と同じことで、相手に要求することはできないのです。

対人関係を転換するには、自分が変わるしかありません。それによって相手も変わるかどうかはわかりませんが、それは相手の課題です。「他者を支配したり操作したりすることはできない」という大前提に立つことが重要なのです。ただし、「課題の分離」はあくまで対人関係の出発点であるという認識も大切です。課題を分離するということは、他人との関係を切ってしまうことではありません。この点については、第4章で解説します。

自分の課題に直面するとは、
人生の3つの課題
（仕事、対人関係、性）を
協力的な仕方で解決するという
責任をもつことを意味する。

（第11章「個人と社会」）

第4章

「自分」と「他者」を勇気づける

年が明けて
早ひと月――
立春を過ぎると
実家の酒蔵では
新酒の発売がスタート
する
向井
酒
こちらで仕事を
続けたいと言ったとき
父はそれ以上
何も言わなかった
たぶん
ぼくの「決心」が
伝わったんだろう
リハビリ
ステーション
こっちはこっちで
人を雇うさ
お前は気にするな

おれも いろいろ一人で 背負いすぎていたよ
もっといろんな人に 頼るべきだったんだ
それに気付けたのは いい機会だったのかもな
でも哲也 そのうちリストラされて 戻ってきても お前を雇う余地はないからな
それだけは 覚悟しとけよ
ガハハハ…
クスクス
兄さん 相変わらず だったな……
……先輩 お休みの日に すみません
おう亀山か どうした?

S社の件で資料をまとめているんですけど先輩が以前担当されていたときのファイルを拝見したくて
どこにありますか？
えーとたぶんぼくのデスクの左サイドに積んであるファイルのどれかだ
適当に探してくれよ
ありがとうございます……お休みの日にすみませんでした
それはさっき聞いたよ
お前こそ休日返上で資料作成だなんて根性あるじゃないか
あまり根はつめるなよ
はぁ……すみません
ブツッ
…
通話終了
あいつ……「すみません」しか言えないのか？

ギイ‥
カランカラン
ギョッ
ドコン‥
ザーーッ
いらっしゃいませ
向井酒店
え……っと
あっ コレ うちの酒です

バッ
向井さん！
マスター
この店閉めちゃう
んだって……！
あわあわっ
!!
……なにか
あったんですか!?
マミちゃん
驚かせてごめん
じつは
少し前から
考えていたんだ
ヘナ
ヘナ…

そんな 酷い
この店が
わたしの居場所
だったのに……
この店のこと
そんなふうに
思ってくれて
嬉しいよ
わあん…
だって
ここにいると
お客さんがみんな
仲間みたいで
みんなと
いろんなことを
一緒に悩んで
考えて
それがとても
楽しかったし
嬉しかった
向井さんだって
そう思うでしょ？
コクッ
そうですか……

それが
共同体感覚
というものですよ
……共同体感覚？
ええ
アドラーは
共同体感覚こそが
幸せになるための
カギだと
考えていました
「自分自身の幸福と
人類の幸福のために
もっとも貢献するのは
共同体感覚である」
以前
「人間の悩みはすべて
対人関係の悩みである」
と話しましたね
裏を返せば
生きる幸福や喜びも
他者との関係からしか
得ることができない
ということです
他者を仲間と見なし
そこに自分の居場所を見つけ
仲間たちのために
貢献しようと思えること……
それが
「共同体感覚」です

そうよ！
だからわたしたち
この店で幸せだった
向井さんも言ってやってよ～～っっ
グイ
グイ
閉めたりなんかしないでよね？
マミちゃんは春から3年生だったね？
就職活動の準備も始まるだろう？
……うん
遠からず「会社」という新しい共同体に所属することになるわけだ
グス
う…！
そもそもひとつの共同体にしか所属していない人間なんていないないよ
ひとつの共同体の外には必ずもっと大きな共同体がある
そちらに目を向けていけばいい
やだ～～～っっ
いきなり「共同体」って言われても全然ピンとこない
わ
ダン
ダン
アドラーはこう説明している

共同体とは
自分が所属する「家族」
「学校・職場」「社会」「国家」
そして過去から現在までを含む
すべての「人類」
あなた・わたし
家族
学校・職場
社会
国家
人類
宇宙
さらには生きているものも
生きていないものも含めた
この「宇宙」全体を含んでいる
……と
ポカン…
宇宙?
ふふ
要するに
共同体の範囲は
「無限大」ということさ
だからこの店の
外でも居場所は
必ず見つかる
でもわたし
ほかの場所に
入っていく自信
あんまりないなぁ
シュン…
どうしてそう
思うんだい?
だって
わたしなんて
なんの
取り柄もないもの
この店では
マスターもお客さんも
たまたま
優しかったけど……

「取り柄がない」人
なんていないよ
「大切なのは
何が与えられているかではなく
与えられているものをどう使うか」
だからね
その言葉
前にも言ってたね
「自分」という道具は
他の道具とは違って
買い換えたり交換したり
することができない
どれほどクセがあっても
その道具と
死ぬまで付き合っていく
しかないんだよ
だから
それをどう使いこなすかを
考えていかなくてはならない
そう言われても……
自分の
取り柄を見つける
トレーニングを
すればいいのさ
そんな
トレーニングが
あるの？
ニコ
自分の
短所を長所に
置き換えてみるんだよ
わたしの
短所……？
思ったことを
すぐに
言っちゃうとか？
向井さんって
意外と
抜けてる
とこ
あるのねっ
ぷッ
えー!?

その短所は「率直で裏表がない」
という長所だと言うこともできるんじゃないかな
その通りだよ
だから マミちゃんと話すときは ぼくだって 本音が言えるんだ
そう思っている お客さんは 多いと思うよ
そ…… そうなんだ
なんか 照れる……
幼い頃に大人から短所や欠点ばかり指摘され続けてきたために長所はなにかと聞かれても答えられなくなってしまう人は多いね
だけど、今も言ったように長所は「トレーニング」で見つけることができる
「集中力がない」→「散漫力がある」
「飽きっぽい」→「決断力がある」
「臆病だ」→「慎重だ」

そんなふうに考えれば
自分を受け入れることも
できそうですね
「自分に価値がある」と思えたら
対人関係に入っていく勇気を
持つことができます
対人関係とはまず
「ありのままの自分を
受け入れて好きになる」
ことから始まるんですよ
対人関係に
入っていく勇気
か……
わたしには
勇気が足りなかった
だけなのかな
なら
ぜひ勇気を
持ってほしい
この店を
続けてこられたのも
マミちゃんのおかげだよ
きみがいるだけで
店はパッと
明るくなったからね
本当にありがとう
へへ
どういたしまして

……さて
いつまでもしんみりしてちゃダメだね
わたしはそろそろ大学に行かないと
カタン
あれ？まだ春休みじゃないんだ？
今日が最後の授業なの
休みが明けたら3年生か……
そろそろ進路のことも考えないとね
最近の就活生はスタートが早くて大変だよなぁ
ふふ
がんばって長所を見つけるトレーニングをしないと
ギィ…
じゃあ行ってきます！
カランカランッ
カランカラン…
バタン

マミちゃん ちょっと元気出たみたいですね
よかった
ええ 彼女は笑顔がいちばんですからね
……マスター ひとに元気を出してもらいたいと思ったら どうするのがいいんでしょう?
どなたか元気をなくしていらっしゃるんですか?
?
ぼく最近部下ができたんです
マジメな男なんですけど どうもそいつ自分に自信が持てないみたいで……
なるほど
前の上司にはなにかとこっぴどく叱られていたみたいで
いつも「すみません すみません」って感じなんですよ
ペコ ペコ
ぼくとしてはなんとか前向きに仕事をしてほしいと思っているんですが……

以前「他者の課題に介入してはいけない」という話をしましたね
他者の課題に対して土足で踏み込んでいくようなことはできないと
その青年を強引に前向きにさせるようなことは誰にもできません
現に前の上司の方がひどく叱ったことでその青年はかえって萎縮してしまったわけですよね
……では放っておけと?
放っておくのではなく介入するのでもなく「援助」をするのです
その人が課題に立ち向かおうという気持ちを持てるようそっと背中を押すイメージです
ただし直接行動に働きかけるのではなく課題に立ち向かえるために間接的な援助をするのです
これをアドラーは
勇気づけ
と呼びました

その人が前に進む「勇気」を持てるように手助けする……ということですね
ここで重要になるのが先ほどお話した「共同体感覚」です
共同体感覚を持てるようになれば人は自分の課題に対して前向きになれます
共同体感覚についてもう一度説明してもらえませんか?
もちろんです
共同体感覚はアドラー心理学のメインテーマですがそう簡単に理解できるものではありません
共同体感覚とは「他者との結びつき」と言い換えてもいいでしょう
人が共同体感覚を持つためには3つの要素が必要になります
1
自己受容
ありのままの自分を受け入れること
長所
短所
2
他者貢献
他者に貢献していると感じること
3
他者信頼
他者を仲間だと信頼すること

「自己受容」……
ありのままの自分を受け入れようってさっきマミちゃんにも言ってましたね
ええ　ありのままの自分に価値があると思えたとき
人は共同体の中に入っていく勇気を持てます
ではどんなときに自分に価値があると思えるのか
それは「他人の役に立てたとき」です
ありがとう
まかせてよ!!
それが「他者貢献」ですね
そうです
そして他者に貢献するには他者を仲間として信頼できなくてはならない
敵だと思っている相手に貢献する気にはなれませんよね
それが「他者信頼」
つまりこの3つはセットなのです

ひとつがダメなら全部ダメ……と
オレなんて……
はぁぁ…
自分が嫌い
自己受容できていない
すみません
すみません
すみません
すみません
すみません
すみません
ペコ
ペコ
ペコ
自分は役立たず
他者貢献できていない
向井先輩もいいかげんぼくに愛想がつきてますすよね
ズーン
えぇぇ
他者は敵
他者信頼できていない
この悪循環から抜け出すための手助けをするのが「勇気づけ」ということですね？
その通りです
ぼくまさにそれをしようとしていたんですよ

なにかと機会を見つけてはあいつをほめてお前は役立たずなんかじゃないってわかってもらおうとしたんです
なのにあいつときたら全然変わらなくて……
ひとつ大きな誤解があります
「賞罰教育」の問題点については以前少しお話ししましたよね（→P121）
ええ
要点を繰り返すとアドラー心理学では叱ることもほめることも認めていません

あのときも少しばかり引っかかってはいたんです
ほめられて育つと承認欲求の強い子どもに育ってしまう……という話でしたよね？
その点はわかるんですが逆にほめられるということでやる気が出るということもあると思うんですが
ほめるという行為の問題点は
「能力のある人が能力のない人に下す評価」
という側面が含まれていることです
例えば同僚の誰かに「よくできたね」とか「えらいね」などと言われたら微妙な気持ちになりませんか？
・・・。
えらいね〜
よ〜しよしよし
イラッ…
うーむ
……確かにイラッとするでしょうね
ね。

相手をほめるとき
人は無意識のうちに
上下関係をつくり
相手のことを自分よりも
低く見ています
若いのにやるじゃないか！
上手いなあ！
将来は画家だな！
えらいわ〜〜
うちの娘は世界一!!
これからもいい子でいてねっ
ほめることの
背後にある目的は
感謝でも
尊敬でもなく
「相手を操作すること」
にすぎません
そんなつもりは
なかったんですが
……
よくやったじゃないか
その調子だぞ！
相手が自分のことを
対等に見ていないのであれば
自分に価値があると
思えないのは当然ですよね
……その通りですね
ああ…
すまん亀山……

上下関係 すなわち「縦の関係」にもとづいて相手の課題に介入するのではなく
あくまで対等な「横の関係」にもとづいて援助を行う
それが「勇気づけ」なのです
でも相手をほめずに
「自分には価値がある」
と思ってもらうことなんて可能なんでしょうか？
うーん
先ほどこう言いました
人はどんなときに自分に価値があると思えるのか
それは「他人の役に立てたとき」だと
それはもうよくわかっているつもりです
ニコ

向井さんは どんなときに「他人の役に立てた」と実感しますか？
それは 人にお礼を 言われたときとか
この店を続けて これたのも マミちゃんのおかげだ
本当に ありがとう
……あ
ニコ
おわかりですよね
「ありがとう」という言葉は 上から目線の「評価」ではなく 純粋に相手の貢献に注目し それを伝える言葉です
人は「ありがとう」という 言葉を聞いたとき 自らが他者に 貢献できたことを 知るのです

「ありがとう」
ですか
ええ　お互いが何の見返りも求めず「ありがとう」と言い合える関係こそ「対等な横の関係」と言えるのではないでしょうか？
あらゆる対人関係は「対等な横の関係」
か……
親も子どもも上司も部下も性別も関係ありません
人間の価値に上下はなく誰もが同じ権利を持っているので
誰かが誰かを手段として扱うこともできない
人は誰にもなににも支配されないのです
この1年間マスターからアドラー心理学について聞いて
ぼくにもその感覚が少しずつわかりかけてきたように思います
ニッコリ

マスターは この店を閉めて どうするんですか？
……
……以前 わたしは教師でした
マスターの 経歴について 聞いたことはなかった
ずっと「アゴラ」の マスターだったのかと 思っていたけど……
将来の可能性に満ちた 子どもたちを導こうと 理想に燃えていました
ですが 現実は 想像以上に厳しかった
……クラスが 荒れた とか

オロオロ
ハハハッ
叱ってもおだててても授業を聞かない子どもたち
すぐに怒鳴り込んでくる保護者たち
同僚たちも自分の保身ばかり考えてギスギスしていました
どんな状況かはご想像がつくでしょう
……先ほどの「共同体感覚」とは真逆ですね
おっしゃる通りです
わたしは自分を役立たずだと感じ子どもも保護者も同僚も全員が敵だと感じ
なにより自分をまったく好きになれませんでした
そうしてわたしは学校での居場所を失っていったのです

……
しばらくしてわたしは学校を去りました
教職を離れたばかりのわたしは疲れ切っていてすぐに働くことは考えられませんでした
といっても何もすることがないと暗い考えばかりが頭をよぎるものですから図書館に救いを求めたのです
本を読んでいるときは本のことだけを考えていることができますからね
そこでこの本に出合ったのです
人生の意味の心理学
アルフレッド・アドラー
What Life Should Mean to You
アドラーの考えを知ってわたしは自分が大きな間違いをしていたのではないかと思うようになりました
わたしは子どもたちのことを「対等な関係」とは決して見ていなかった
子どもたちの課題にも大いに介入してしまっていました

当たり前のことですが
ただ「大人であるから」
という理由だけで
子どもを教育できる
わけではない
教師だった頃の
わたしはそのことに
気づいていなかった
のです
アドラー心理学は
わたしに対人関係
そのものを見つめ直す
きっかけをくれました
今からでも遅くない
もっといろいろな人と
「横の関係」を築きたい……
そう考えたわたしは
この店を開くことに
したのです
そんな
いきさつが……
アドラーはウィーンの
カフェ「ツェントラール」で
学生や友人たちと対話するのを
楽しみにしていたと言います
わたしも
そんなふうに
誰かと対等に
語り合える場所が
ほしかったのですよ

最初店の名前は「アドラー」にしようかと思ったほどでしたが……
そのままずぎるなと思い「アゴラ」にしました
ふふっ
そう言えば店の名前の由来を聞いていませんでした
アゴラというのは古代ギリシアの公共広場のことです
市民たちはアゴラに集って哲学から政治まであらゆる話題を論じました
わたしにとってこの店はまさにアゴラのような存在でした
先ほどの「勇気づけ」ですが……
わたしはこの店に立つことで自分自身を勇気づけることができたのですよ
そのきっかけになったのはじつは向井さんあなたでした
ぼく……？

はい　あなたがアドラー心理学に興味を持ちアドラーの考えを通じて人生のさまざまな問題に向き合っていくなかで
わたしも多少はその手助けができたのではないかという「貢献感」を持ちました
人生の意味の心理学
アルフレッド・アドラー
一人ひとり問題を抱えながらそれぞれ自分の課題に取り組もうとしているお客さんたちは
全員わたしの「仲間」だと実感することができました
そしてわたし自身は喫茶店でお客さんを相手に心理学や哲学の話をする風変わりな店主かもしれませんが
そんなわたしと話したいというお客さんがいる
その通りですよ！
人間にとって最大の不幸は自分を好きになれないことです
この現実に対してアドラーはきわめてシンプルな回答を用意しました

すなわち
「わたしは誰かの役に立っている」
という思いだけが自らに価値があることを実感させてくれるのだと
わたしはようやくありのままの自分を受け入れられるようになりました
今ならまったく違った態度で子どもたちと向き合えるのではないかと感じています
じゃあ教師に戻るんですね
ええ　子どもたちが「自分の人生」を生きる勇気を持てるよう手助けをしていくつもりです
未来を担う彼らにとって世界がもっと生きやすく幸せなものになるように
人生の意味の心理学
アルフレッド・アドラー
カタン

カランカラン…
先輩！S社さん新しい契約いただきました！
タタ…
やったな！こないだ社長さんと話したけどずいぶんお前のこと信頼してたぞ仕事が丁寧だって
ぼくずっと自分のことトロい人間だと思ってたんですけど「慎重だ」って評価してくれる人もいるんですね……
ちょっとずつ自信が持てるようになってきました
へへ…
ああこれからも頼りにしてるよ

そ〜……
うわっ
ワッ
ビクッ
クスクスクス
……マミちゃんじゃないか!
おどろいた
へへ……お久しぶりです!
リクルートスーツ似合ってるね
やった〜
企業の説明会を回ってるところなの
大学にはもう内定をもらったっていう人もいるけどね
そうなんだ……やっぱり最近は動きが早いなぁ

でもわたし
そんなに
焦ってないんだ
「自分なりのペースで
一歩ずつ前に
進んでいけばいい」
だもんね
ああ
そうだね
ちなみに
書類選考ではまだ
落ちたことが
ないんだよ！
「自分の短所を
長所と考える
訓練」が効いて
いるのかも
マミちゃんなら
本番もきっと
問題ないさ
いい知らせが
聞けるの
楽しみにしてるよ
そういえば
マスターも……
お元気ですか
四月よりY市の中学校で
教鞭をとることになりました、
また、お会いしましょう
マスター

向井さんと
はじめて会ってから
2年しかたっていないけど
あれからいろんなことが
少しずつ変わっていったね
それはぼくたち自身が
「変わろう」という
決断をしたから
なんだろうな……
アドラー心理学を通じて

かつてマスターが
言った通り
アドラー心理学は
「人生を変える」もの
だった
なかでも
次の2つの考え方は
これからもずっと
ぼくにとっての
指針になるだろう
よしだビル

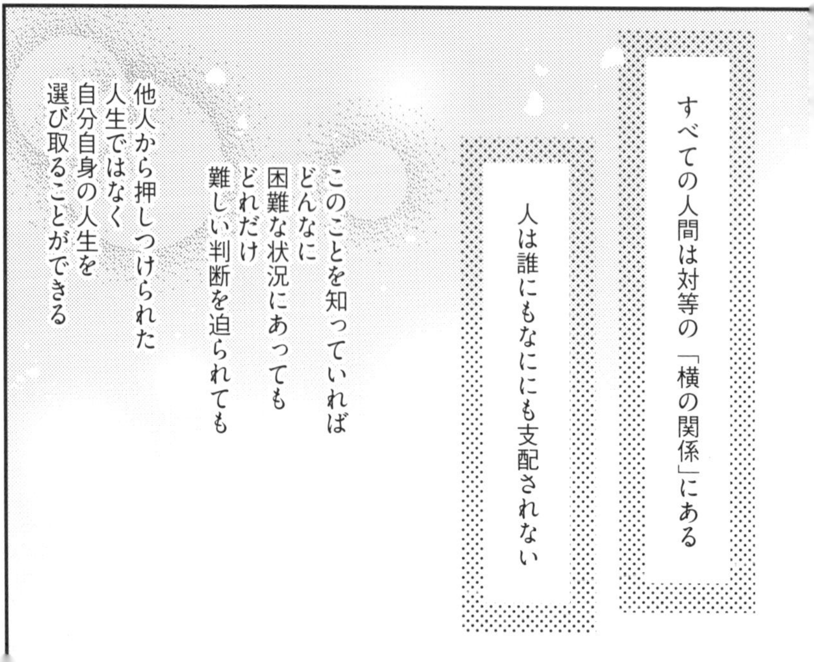
すべての人間は対等の「横の関係」にある
人は誰にもなににも支配されない
このことを知っていれば
どんなに
困難な状況にあっても
どれだけ
難しい判断を迫られても
他人から押しつけられた
人生ではなく
自分自身の人生を
選び取ることができる

「人生の意味は、あなたが自分自身に与えるものだ」

——アルフレッド・アドラー

ダイジェスト解説！

アドラー心理学 4

人間の幸福のカギを握る「共同体感覚」

アドラーは『人生の意味の心理学』の中で、人間の最終的な幸福を「共同体感覚」と言い表しました。《人間は、個人としては弱く限界があるので、一人では自分の目標を達成することはできない。(中略)人は、弱さ、欠点、限界のために、いつも他者と結びついているのである》。この「他者と結びついている」ということが、アドラーの言う「共同体感覚」の意味です。生きる喜びや幸福は、他者との関係からしか得ることはできません。そのことを指して、アドラーは《自分自身の幸福と人類の幸福のためにもっとも貢献するのは共同体感覚である》と言ったのです。しかし、すべての人間がそのように思って生きているわけではありません。共同体感覚が欠如しているからこそ、人を蹴落としてでも出世したいと考えたり、自分をことさらに大きく見せようとしたり、あるいは他者を支配しようと考えたりします。戦争をはじめとするこの世の争いごとすべてが、共同体感覚の欠如によって引き起こされていると言っても過言ではありません。

すべては「自己受容」から始まる

私たちが共同体感覚を得るためには、次の三点が不可欠です。

一つ目は「自己受容」。ありのままの自分を受け入れることです。自分が他の人に比べて劣っていると思うと、共同体の中に入っていくことはできません。今の自分に不満はあるかもしれませんが、そこを出発点にするしかないのです。ありのままの自分を受け入れるためのポイントは、「自分は特別によくなくても、悪くなくてもいい」と考えることです。「普通であることの勇気を持つ」と言い換えてもよいでしょう。

ありのままの自分を受け入れ、好きになれるのは、自分がなんらかの形で他者に貢献していると感じられたときです。そこで、二つ目の「他者貢献」が必要になります。なお、貢献を「行動」に限定する必要はありません。なにかをしなくても、自分の存在自体が他者に貢献していると感じられるとき、人は自分に価値があると感じられます。もっとも、他者に貢献しようという気持ちになるには、他者を仲間だと信頼できなくてはなりません。これが三つ目の「他者信頼」です。これらの三点はセットであり、円環構造を成しています。「自分のことは好きだが、他者は敵」というような見方はありえないのです。

「自分の価値」を確認する方法

第一次世界大戦後、アドラーは教育によって世の中を変えようと行動しました。教育の目的は共同体感覚の育成です。こうした教育改革こそが、政治による変革よりも、この世界を平和的に改革するための有効な手段を提供すると考えたのです。

アドラーの教育論の基本は「勇気づけ」にありました。すなわち、子どもが共同体感覚を持ち、対人関係の中に入っていく勇気を持てるように援助することです。そのためのキーワードが「ありがとう」という言葉です。

教育の世界では、「叱ること」と「ほめること」が重視されてきましたが、アドラーはそのどちらも認めていません。そのベースには「あらゆる対人関係は対等な横の関係」という考え方があります。叱るという行為は、上下の対人関係を前提としています。ほめるという行為にも「能力がある人が能力のない人に下す評価」という側面があります。相手から対等だと見られていないのに、「自分には価値がある」と思える人はいないでしょう。

しかし「ありがとう」という言葉は、上から目線の「評価」ではなく、純粋に相手の貢献に注目し、それを伝える言葉です。人は「ありがとう」という言葉を聞いたとき、自らが他者に貢献できたことを知るのです。

人間にとって最大の不幸は、自分を好きになれないことです。この現実に対してアドラーはきわめてシンプルな回答を用意しました。すなわち「わたしは誰かの役に立っている」という思いだけが、自らに価値があることを実感させてくれるのです。

なお「共同体感覚」という言葉に含まれる「共同体」とは、「学校」や「職場」などの身近な組織や集団ばかりではありません。「会社が世界のすべて」というような人がいますが、ひとつの共同体にしか所属していない人などいないのです。地域社会や国家、さらにはもっと大きな共同体まで、小さな共同体から切り離されても、その外には必ずより大きな共同体があり、その中でできる貢献があります。目の前の小さな共同体に固執することなく、自分の人生を生きる勇気を持つことが大切なのです。

自分自身の幸福と
人類の幸福のために
もっとも貢献するのは
共同体感覚である。

（第1章「人生の意味」）

あとがき

私たちが手がけた番組が漫画になるかもしれない!?

宝島社から最初にお話をいただいたときには、正直、ドキドキする気持ちを抑えることができませんでした。……というのも、小学生の頃、手塚治虫さんの『ブラック・ジャック』に出会って以来、夢中で漫画を読み続けた私にとって、漫画は、人間観や世界観のある部分を育ててくれた恩人とも言える存在だったからです。告白しますと、高校生のときには、友人たちと一緒に、本気で漫画家を目指して、雑誌に作品を投稿しようとしていたこともありました。最近では、プロデューサーとして「100分de手塚治虫」という番組まで企画してしまうほどの漫画マニアなのです。

それほどまでに愛する漫画の制作に、間接的にでもかかわれるなんて！　しかも、素材は、個人的にも大きな影響を受けたアドラーの『人生の意味の心理学』。

もうこれは断る手はありません。毎月、番組の企画書作りや制作業務に追われるなか、間違いなく自分自身の首をしめることはわかっていて、監修の一端を引き受けることにしました。

編集部から定期的に送られてくるストーリー案やプロットに目を通す作業は、多忙な中だったため、苦しいときもありましたが、みんなの意見がクロスオーバーしながらイメージがどんどん膨らんでいくのが実感できたときには、えも言われぬ快感が！　この快感を一番の原動力にしながら、苦しい山をなんとか乗り越えることができたと思います。

何よりも嬉しかったのは、監修作業とは別に、私自身のアイデアも少しだけ採用されたこと。主人公が通う喫茶店「アゴラ」のネーミングは、じつは、「古代ギリシャで、市民が政治、哲学などを論じあった公共広場、アゴラが喫茶店のイメージにぴったりじゃないですか」と書いた私の一言がきっかけでした。即座に、岸見一郎さんが「アゴラいいですね。アドラーと響きも似ています」と賛同してくださり、あっという間に決まりました。もう一つはラストシーン。ネタバレになるので詳しくは申し上げられませんが、ぼくが「それでは寂しいのでもう少し○

○を」と書いたことがきっかけで、漫画家さんが見事にイメージを膨らませて、素敵なエンディングに仕上げてくださいました。

この本の内容が少しでも読者の皆さんの心に届いたとしたら、それは、こうした皆さんのチームワークのおかげだと思います。この本の原案者でありメインの監修を引き受けてくださった岸見一郎さん、母体となる番組やテキストを制作してくれたテレコムスタッフのプロデューサー、ディレクター、ＮＨＫ出版のみなさん、裏方として支えてくれた同僚の桝本孝浩さん、宝島社編集部のみなさん、素敵なストーリーを考えてくれたライターの藤田美菜子さん、魅力的なキャラクターで漫画にしてくれた漫画家の上地優歩さん、そして、仕事を引き受けすぎる私を、あきれながらも笑顔で励ましてくれた妻、治子に、心からの感謝を捧げたいと思います。

ＮＨＫエデュケーショナル
「１００分de名著」制作班
シニアプロデューサー　秋満吉彦

アドラー心理学を
もっと深く知りたい人のための

ブックガイド

本書で取り上げている『人生の意味の心理学』をはじめ、アドラーは生涯にわたって数多くの著作を発表しました。その中からとりわけ入門者にもおすすめの5冊を紹介します。もっと深くアドラー心理学に触れたい方は、ぜひ手に取ってみてください（いずれも岸見一郎訳、アルテ刊）。

『個人心理学講義―― 生きることの科学』

**アドラー心理学全般について
コンパクトにまとめた一冊**

ウィーンからニューヨークへと活動の拠点を移したアドラーが初めて英語で出版した一冊。アドラー心理学、すなわち「個人心理学」の全貌を俯瞰することができる。劣等コンプレックスや優越コンプレックスなどによって形成された不適切なライフスタイルを見直し、過去と自己への執着から離れて、仲間である他者への貢献を目指す「共同体感覚」をいかに育成していくべきか。よりよく生きるための入り口が示されている。

『人間知の心理学』

**どうすれば自分や他者を
「知る」ことができるのか？**

対人関係の悩みを解決するのに、人間知（自分や他者について知ること）は不可欠。そのためには人がどこに向かおうとしているのか、その言動の目的や目標を知らなければならない。ウィーンのフォルクスハイム（国民集会所）で行われた講義をもとにドイツ語で書かれ、アメリカで英訳されてベストセラーとなったアドラーの代表作。聴衆の中には一般の人も多かったため、専門用語は極力使われていない。じっくり読み解くのに最適の一冊。

『性格の心理学』

人の性格は変えることができるか?
アドラー唯一の性格論

人は他者から孤立して生きることはできない。“性格”とは、対人関係についての態度決定のこと。性格を改善し、発達させるためには、他者を仲間と認め、貢献することが欠かせない。共同体との結びつきから性格を分析し、事例を通して改善の方向性を探る一冊。Menschenkenntnis(『人間知』)というタイトルで書かれたアドラーの代表作を、翻訳では右の『人間知の心理学』と本書の2冊に分割している。あわせてひもときたい。

『人はなぜ神経症になるのか』

神経症やうつ病など“心の病気”を
まったく新しい視点で論じた一冊

人はなぜ神経症になるのか。どうすれば神経症は治療できるのか? 広場恐怖症や高所恐怖症など、多くの症例を引きながら、神経症の根底にあるライフスタイルをひもとく。神経症は心の中ではなく対人関係の中で起きている。対人関係を回避するための“理由”を設けることが神経症の“目的”であり、その症状は必要に応じて作り出されているものなのだ——心の病気について、それ以前の心理学や精神医学とはまったく異なる視点で論じる。

『子どものライフスタイル』

人生の課題を前にした子供たちを
“勇気づける”ための具体的な方法

最初から問題のある子どもなどいない。子どもたちが自分や他者について持つようになった誤った見方(ライフスタイル)は、適切な援助によって必ず正すことができる。人生の課題から逃れようとする子どもに対して、どうすれば勇気づけることができるのか? アドラーは、子どもたちとのカウンセリングを公開の場面でも行ってきた。ニューヨークでの公開カウンセリングをもとにした本書からは、勇気づけの具体的な方法を学ぶことができる。

こちらもオススメ!

『嫌われる勇気』
(岸見一郎・古賀史健共著/ダイヤモンド社)

アドラー心理学を哲人と青年の対話形式で読みとく一冊。
青年(≒読者)がぶつける疑問に、哲人が明快に回答。

『幸せになる勇気』
(岸見一郎、古賀史健著/ダイヤモンド社)

『嫌われる勇気』の続編。本当の"自立"とは? 本当の"愛"とは?
——という問いを通して、どうすれば人は幸せになれるのかを考える。

『アドラー心理学入門』
(岸見一郎著/ベスト新書)

著者・岸見氏自身が体験したエピソードを交えながら、アドラー心理学の理論から実践までを、具体的にわかりやすく論じた一冊。

『アドラー 人生を生き抜く心理学』
(岸見一郎著/NHKブックス)

理論と実践が緊密に結びついたアドラー心理学のエッセンスを、
その人生と織り合わせながらひもとく。
アドラーの人生を知りたい人に最適。

[監修]

岸見一郎　きしみ・いちろう

1956年生まれ。哲学者。京都大学大学院文学研究科博士課程満期退学（西洋哲学史専攻）。専門のギリシア哲学研究と並行してアドラー心理学を研究。古賀史健氏との共著『嫌われる勇気』（ダイヤモンド社）ほかアドラーに関する多数の著書がある。

NHK「100分de名著」

古今東西の"名著"を25分×4回＝100分で読み解くNHKの教養番組。ゲストによるわかりやすい解説に加え、朗読、アニメーション、紙芝居といったさまざまな演出で、奥深い"名著"の世界を紹介。

[放送]毎週月曜日／午後10時25分～10時50分
[再放送]水曜日／ 午前5時30分～5時55分、
午後0時00分～0時25分（Eテレ）

まんが！ 100分de名著
アドラーの教え
『人生の意味の心理学』を読む

2017年 4月22日　第1刷発行
2024年 8月20日　第8刷発行

監修	岸見一郎＋NHK「100分de名著」制作班
脚本	藤田美菜子
まんが	上地優歩
発行人	関川 誠
発行所	株式会社宝島社
	〒102-8388　東京都千代田区一番町25番地
	電話　03-3234-4621（営業）
	03-3239-0928（編集）
	https://tkj.jp
印刷・製本	サンケイ総合印刷株式会社

Printed in Japan
ISBN 978-4-8002-6160-1